本书由甘肃政法大学校级科研创新项目 GZF2023XQN13

美育协同育人路径研究

罗少伟 著

中国商业出版社

图书在版编目（CIP）数据

美育协同育人路径研究 / 罗少伟著. -- 北京 ：中国商业出版社，2024. 8. -- ISBN 978-7-5208-3093-5

Ⅰ．G40-014

中国国家版本馆 CIP 数据核字第 20246HB188 号

责任编辑：管明林

中国商业出版社出版发行

（www.zgsycb.com 100053 北京广安门内报国寺 1 号）

总编室：010-63180647　编辑室：010-83114579

发行部：010-83120835/8286

新华书店经销

天津和萱印刷有限公司印刷

*

710 毫米 × 1000 毫米　16 开　12.75 印张　218 千字

2024 年 8 月第 1 版　2024 年 8 月第 1 次印刷

定价：79.00 元

* * * * *

（如有印装质量问题可更换）

前　言

21世纪是一个信息爆炸、多元文化交融的时代，教育领域正在经历深刻变革。在这一过程中，美育作为重要的教育元素，逐渐成为教育改革的焦点。美育不仅涵盖绘画、音乐、舞蹈等艺术形式，更代表了一种新的教育理念，旨在培养全面的审美情趣、创新思维和人文精神。

美育的核心在于通过感知美、欣赏美和创造美，塑造人的人生观和价值观。美育不仅是艺术教育，更是一种价值观的培养，它教会人们如何在生活中创造美、体验美，使人们逐渐认识到，美与人们的思想、情感、行为乃至社会息息相关，这种价值观塑造对个人成长和发展的影响深远。在"协同育人"这一综合教育理念中，美育显然是不可或缺的一部分。

本书探讨了美育在课堂教学和校园文化建设中的应用，通过生动的实践案例揭示了美育在提高学生审美情趣和创新能力方面的重要作用。提出了多种路径，包括学校、家庭和社会教育的协同配合，并给出了实施建议。美育不应局限于课堂，它应贯穿生活的各个方面。通过研究深入探讨了美育与校园文化、社会环境的联系，揭示了它们的广泛渗透力。研究不仅关注校园内的改革，还扩展到更广阔的领域，旨在通过协同配合，推动美育的发展。

构建和谐共生的教育生态系统是当今时代的教育追求。美育与协同育人相结合，能释放出前所未有的教育能量，推动个体全面发展。尽管挑战重重，但只要我们对美育事业充满热爱和坚持，美育协同育人的理念一定能生根发芽，绽放光彩。

本书全篇均由甘肃政法大学艺术学院教师罗少伟撰写，20多万字的深入探讨旨在为社会对美育的广泛关注提供理论基础和实践路径。美育不仅是学校的责任，更是全社会共同参与的过程，唯有获得社会的共识与支持，美育才能得到真正的普及。因此，我们期待与各界深入交流合作，完善美育协同育人的理论和模式，推动其广泛应用与发展，希冀本书能够为美育事业的发展奠定坚实基础，培养更多具备高尚审美情趣和卓越创新精神的人才。在未来的研究中，我们将继续保持严谨的科研态度，深入探索美育的内涵与价值，推动美育事业不断进步与发展。在这个充满变革的时代，美育必将引领我们走向更加美好的未来。

目　录

第一章　美育的理论基础 … 1

第一节　引　言 … 1
一、美育的概念界定 … 1
二、美育在教育体系中的地位与作用 … 2

第二节　美育理论研究的重要性 … 3
一、美育理论研究有助于提升个体的审美能力 … 4
二、美育理论研究有助于培养创新精神 … 6
三、美育理论研究有助于塑造完善人格 … 8
四、美育理论研究有助于传承和弘扬民族文化 … 10
五、美育理论研究有助于推动社会的和谐发展 … 12

第三节　美育的哲学基础 … 14
一、美学对美育的指导作用 … 14
二、美育实践对美学理论的反哺 … 16
三、哲学观念在美育中的体现 … 17

第四节　美育的心理学基础 … 19
一、审美心理过程解析 … 19
二、美育对个体心理发展的影响 … 21

第五节　美育的教育学基础…………………………………… 23

　　一、美育在教育目标中的地位 ……………………………… 23

　　二、美育教学策略与方法 …………………………………… 24

第六节　美育的社会文化基础………………………………… 26

　　一、社会文化对美育的影响与制约 ………………………… 26

　　二、美育在社会文化传承与创新中的作用 ………………… 28

　　三、美育与多元文化的融合 ………………………………… 30

第七节　总　　结……………………………………………… 31

第二章　协同育人的理念与实践……………………… 34

第一节　协同育人的内涵……………………………………… 34

　　一、协同育人的定义与核心 ………………………………… 35

　　二、协同育人的重要性 ……………………………………… 37

　　三、协同育人的实践路径 …………………………………… 39

　　四、协同育人的未来展望 …………………………………… 42

第二节　协同育人的特点……………………………………… 43

　　一、多元性 …………………………………………………… 44

　　二、互动性 …………………………………………………… 45

　　三、整体性 …………………………………………………… 47

第三节　协同育人在当前教育实践中的具体应用…………… 48

　　一、家校共育模式的探索与实践 …………………………… 49

　　二、社会教育资源的整合与利用 …………………………… 49

　　三、网络教育平台在协同育人中的应用与创新 …………… 50

四、协同育人的挑战与对策 …………………………………… 54

第四节　总　结 …………………………………………………… 56

第三章　美育与协同育人的内在联系 …………………… 58

第一节　美育与协同育人的相互关系 ……………………………… 58
　　一、教育目标的一致性 …………………………………………… 59
　　二、教育内容的互补性 …………………………………………… 60
　　三、教育方法的融合性 …………………………………………… 61

第二节　美育与协同育人的共同推进策略 ………………………… 62

第三节　协同育人为美育实施提供平台 …………………………… 69
　　一、协同育人理念对美育的推动 ………………………………… 69
　　二、协同育人背景下美育理念与方法的创新发展 ……………… 70
　　三、协同育人机制对美育资源的整合 …………………………… 72
　　四、协同育人中的美育评价体系构建 …………………………… 73
　　五、协同育人对完善美育评价体系和提升教育质量的贡献 …… 74

第四节　总　结 …………………………………………………… 75

第四章　美育协同育人的路径探索 ……………………… 78

第一节　课程体系改革 …………………………………………… 80

第二节　调整课程结构，增加美育相关课程比例 ………………… 81

第三节　美育融入课程的实施策略与保障措施……………… 82
一、实施策略 ……………………………………… 82
二、保障措施 ……………………………………… 84

第四节　创新教学方法，运用艺术化手段提升课堂魅力……… 85
一、教学方法的重要性 …………………………… 85
二、传统教学模式的局限性 ……………………… 86
三、融合艺术与科学的教学模式 ………………… 87
四、跨学科融合教学的实施方式 ………………… 88
五、教师的专业素养和综合能力 ………………… 89
六、日常教学中的创新方法 ……………………… 90
七、教学方法的拓展和补充 ……………………… 91
八、教学方法的实践意义 ………………………… 92
九、共同开创教育事业的新篇章 ………………… 93

第五节　完善评价机制，助力美育发展 ………………………… 95
一、评价机制改革的必要性 ……………………… 95
二、多元评价体系的构建 ………………………… 96
三、评价机制改革的实施路径 …………………… 99
四、评价机制改革的意义与展望 ………………… 103

第六节　师资队伍建设助力美育发展 …………………………… 106
一、系统开展美育培训 …………………………… 107
二、搭建教师交流平台 …………………………… 108
三、建立美育激励机制的重要性与实践探索 …… 109
四、校外教育资源整合 …………………………… 110
五、家庭教育指导 ………………………………… 111

第七节　总　结 …………………………………………………… 112

第五章 美育协同育人的挑战与对策 …………… 114

第一节 挑战分析 …………………………………… 115
一、课程体系不完整带来的育人难题 ………………… 115
二、师资队伍不完善引发的教学质量问题 …………… 117
三、考试压力过大导致美育边缘化 …………………… 119

第二节 对策建议 …………………………………… 123
一、重构美育课程体系，实现跨学科融合 …………… 123
二、加强师资队伍建设，提升美育教学质量 ………… 126
三、缓解考试压力，为美育教育创造宽松环境 ……… 130

第三节 总　结 ……………………………………… 131

第六章 美育协同育人的未来展望 ………………… 133

第一节 未来趋势预测 ……………………………… 134
一、技术革命下的美育新形态 ………………………… 134
二、跨学科协同育人 …………………………………… 141
三、国际化视野的拓展 ………………………………… 152

第二节 美育在新时代教育体系中的定位和作用 …… 160
一、核心素养的培养 …………………………………… 160
二、心理健康的促进 …………………………………… 167
三、美育促进社会适应能力 …………………………… 170
四、文化传承与创新 …………………………………… 176

第三节　总　结……………………………………………………… 178

后　　记………………………………………………………… 181
参考文献………………………………………………………… 185

第一章 美育的理论基础

第一节 引 言

一、美育的概念界定

美育作为一个深远且多维度的教育理念，其内涵和外延随着时代的发展和人们审美需求的变化而不断演进。在字面意义上，"美"指的是审美，涉及对美的感知、理解和创造；"育"则是教育，强调培育、教养的过程。因此，美育可以理解为通过美的内容和形式来进行教育，以达到培养个体审美能力和审美情趣的目的。

美育是感性教育的重要组成部分。它不同于智育的逻辑思维训练和德育的道德规范灌输，而是侧重于通过直观、形象的艺术作品或自然景物来触发学生的情感反应。在这个过程中，学生被引导去主动感知、自由想象和深刻理解，从而培养起对美的敏锐感知力和丰富表现力。这种感性教育的方式有助于学生在理性认知之外发展出更加全面、均衡的人格特质。

美育是审美能力的培养过程。审美能力不仅是对美的欣赏和鉴别能力，更包括在日常生活中发现美、创造美的能力。通过美育的实施，学生不仅学会了如何欣赏艺术作品，更能够在平凡的生活中发现美的存在，甚至通过自己的双手去创造美。这种审美能力的培养，有助于提升学生的生活品质，使他们在忙碌而繁杂的现实生活中依然能够保持一颗发现美、欣赏美的心。

美育承载着文化传承与创新的重要使命。艺术作品作为人类文化的瑰宝，蕴含了丰富的历史信息和深厚的文化底蕴。通过美育的途径，这些宝贵的文化遗产得以在学生中传承和发扬。同时，美育也鼓励学生在继承传统的基础上进行创新，以当代的视角和手法去诠释和创造美，从而推动文化的不断发展和进步。

美育还具有促进个体全面发展的功能。在美育的过程中，学生需要调动自己的感知、想象、理解、创造等多种心理能力，这种全方位的智力活动有助于促进学生的大脑发展和思维训练。同时，美育所蕴含的情感教育和人文关怀也有助于培养学生的社会责任感和人道主义精神，使他们在关注自身发展的同时，也能够关注他人、关注社会、关注自然。

最后值得一提的是，美育并非艺术教育的同义词。虽然艺术教育在美育中占有举足轻重的地位，但美育的范畴远不止于此。它涵盖了更广泛的领域，包括自然美、社会美、科技美等各个方面。这些不同领域的美育资源相互补充、相互渗透，共同构建了一个完整、立体的美育体系。

美育是一个多维度、全方位的教育理念，它旨在通过美的内容和形式来培育学生的审美能力、创造力和文化素养。在这个过程中，学生不仅能够获得美的享受和情感的满足，更能够在潜移默化中实现自身的全面发展和提升。因此，美育在现代教育体系中占据着不可替代的重要地位。

二、美育在教育体系中的地位与作用

美育在教育体系中的地位正日益凸显，其独特的价值和意义随着教育理念的更新而被更多人认识到。传统意义上，智育因强调知识体系与认知能力的提升而备受推崇，美育则常被视作其辅助，未得到应有的关注。然而，随着教育的全面、多元化发展，美育的重要性逐渐浮现。

美育不仅是艺术技能和知识的传授，它更侧重于通过艺术这一媒介，培育学生的审美情感，陶冶性情，提升精神层次。在美育的熏陶下，学生在求知的过程中能更重视人文关怀，丰富情感体验，进而实现个人的全面进步。

美育是实施素质教育的重要途径，其意义远超艺术领域本身。素质教育追求学生的知识、能力、情感和态度的全面发展，而美育为此提供了强大的支持。通过涉猎不同的艺术形式，学生可以培养对美的感知和鉴赏力，提高个人的艺术素养。这不仅有助于学生个体的成长，也为社会文化繁荣注入了新动力。美育在培养创新思维方面展现了其独特价值。在艺术创作与欣赏中，学生需要发挥想象力，这种对未知的探索正是创新思维的源泉。因此，美育在创新教育体系中占据着举足轻重的地位，它激发了学生的创新潜能，为社会培育出具备创新精神的人才。

美育在教育中的作用也是多方面的。它培养了学生的审美能力，让他们学会在美的环境中发现、感受和理解美，甚至创造美。这种能力无疑会提升学生的生活质量，使他们在未来的竞争中占据优势。美育促进了学生的情感发展。通过与艺术作品进行情感交流，学生丰富了自身的情感体验，这有助于他们的心理健康，同时提高了社会适应能力。美育还拓宽了学生的文化视野。通过接触不同文化背景下的艺术作品，学生能够更全面地了解世界各地的文化传统，培养了他们的国际意识和跨文化交流能力。美育在提升学生的综合素养方面也发挥了关键作用。艺术教育锻炼了学生的观察、想象、创新及实践能力，这些都是他们未来发展所必需的。同时，美育还培养了学生的团队合作精神和领导能力。美育是传承和弘扬中华优秀传统文化的重要途径。通过美育课程，学生能够更深入地了解中华文化的精髓，这不仅增强了他们的文化自信，也为传统文化的传承和发展注入了新活力。

为了充分发挥美育的育人功能，我们应完善美育课程体系，加强师资建设，创新教学方法，营造良好的校园文化艺术氛围，从而培养出既具备知识技能又拥有高尚审美情趣的复合型人才。

第二节 美育理论研究的重要性

在当今社会，美育已经不再是单一的艺术教育，它涉及人们生活的各个方面，直接关系到个体人格的完善和全民族整体素质的提升。因此，美育理论研究的重要性不言而喻。以下从多个方面详细阐述美育理论研究的重要性。

一、美育理论研究有助于提升个体的审美能力

审美能力作为一种综合能力，涵盖了感受美、鉴赏美、评价美以及创造美的多个层面。它不仅是对美的一种直接体验和反应，更是一种通过后天学习和实践逐步培养和提高的高级能力。审美能力的培养不仅影响个体的精神面貌、生活情趣，更对整个社会的文化建设具有深远的影响。

最基本的审美能力是感受美的能力。感受美是我们在日常生活中时常会有的体验，但不同的人对同一美景、同一事物的感受可以大相径庭。这种差异源自个体的文化背景、生活经验和个人修养。通过对美的本质和内在规律的深入探索与剖析——这正是美育理论研究的工作之一——我们可以提高自身对美的感受力。美育理论将美从一种直观经验升华为一种知识体系，帮助我们理解为什么某些事物或者现象会被认为是美的。

鉴赏美是在感受美的基础上更深层次的一种能力，它需要我们具备更高的文化素养和艺术修养。要做到这一点，我们不仅需要接触大量的美学作品，还应具备一定的理论知识。正如学习音乐需要懂得乐理，学习绘画需要理解构图与色彩搭配，审美能力的提升同样需要丰富的理论加持。美育理论研究提供的方法和路径，指导我们更科学地进行审美活动。例如，我们通过研究视觉艺术的构成要素和表现手法可以更全面地欣赏一幅画作，通过理解音乐的和声与节奏可以更深入地体会一首乐曲所表达的情感。

评价美是一种更为复杂的审美能力，它不仅包含主观的感受，还涉及一定的批判性思维。美是主观与客观的统一体，既有共通的标准，也具有极大的个人差异。美育理论通过对美的标准和共性规律的研究，为我们提供了一套评价美的科学体系。个体在不断实践中，通过学习和借鉴这样的理论可以形成自己独特的审美评价标准。这一过程不仅是个体审美能力的提高，更是其价值观念和世界观的升华。

审美能力的最高层次是创造美的能力。创造美不仅需要感知和理解美的能力，还需要有丰富的想象力和创造力。这不仅局限于艺术创作，还可以体现在生活的各个方面。通过美育理论的学习，可以了解历史上和当代各种美的形式和创作方法，从中获得灵感和启发。同时，美育理论还鼓励我们打破常规，追求创新。例如：通过学习现代艺术的抽象和表现技法，可以借鉴其中的理念创造出新的视觉艺术作品；通过了解文学作品的多样表达方式，可以尝试在写作中运用新的叙事结构和修辞手法。

美育理论研究通过对美的本质和规律的探索，构建起个体科学且全面的审美观念体系，使得个体能够更加清晰地认识到什么是美，并学会如何去发现美、欣赏美。这种认知与感悟逐渐内化为个体自身的一种素养，使其在面对自然风景、社会现象以及艺术作品时，都能够以更加专业的视角去感知美，以更加深刻的洞察力去鉴赏美。这不仅提升了个体的审美能力，还赋予了他们生活中的一种新的感受方式和态度。随着审美能力的提升，个体开始更加敏锐地捕捉到生活中那些稍纵即逝的美好瞬间，从而更加珍惜和感恩生活所赋予的一切。譬如，一片落叶、一缕阳光，或者一声孩子的笑语，都可能成为美好的源泉。个体在这些微小的事物中发现了超越日常生活的美，感受到生活的纷繁与美妙。这种能力的提升使得他们在生活中有了更多的审美体验，这不仅丰富了精神世界，还提升了生活质量。

在艺术作品的欣赏过程中，深厚的审美修养不仅让人们能够感受作品表面的美，还让人们更深入地理解作品背后的思想内涵和情感表达。比如，在读一首诗时，不仅能感受到辞藻的优美，还能走进诗人的心境，体验他在创作时的情感起伏；欣赏一幅画作时，不仅能感受到色彩的调和与构图的巧妙，还能触碰到画家想要传达的主题与思想。通过这种深层次的审美体验，个体与艺术家之间实现了跨越时空的心灵共鸣。美育理论研究不仅是提升个体审美能力的重要途径，更对社会文化的发展具有重要意义。一方面，通过美育理论的普及和推广，可以提升整个社会的审美水平，使人们在忙碌的生活中仍能够保持对美的感知和热爱；另一方面，通过对美的深入研究和探讨，可以促使更多的人参与艺术创作，为社会带来更多的美好和创新。

通过对美育理论的深入学习和研究，每个人都可以成为生活中的美学家，在纷繁复杂的世界中发现美、享受美，并创造美。审美能力的提升，不仅让我们在生活中拥有更多的快乐和满足，还使我们的人生更加丰富和有意义。可以说，培养和提升审美能力是每个人终生追求的目标之一，它值得我们深耕细作，持续探索。

二、美育理论研究有助于培养创新精神

创新是一个民族进步的灵魂，也是国家兴旺发达的不竭动力。在当今世界，科技日新月异、信息化迅猛发展，每个人都面临着巨大的挑战，迫切需要具备强大的创新能力和应变能力。创新不仅关乎技术，更是观念的革新和思维的拓展。在这种大背景下，美育理论研究显得尤为重要。美育不仅能够丰富个体的精神世界，还在潜移默化中培养个体的创造性思维，使其在各种领域应对挑战时游刃有余。

美育理论通过深入探讨"美"的概念及其创作过程，揭示了创新的本质。美育不仅是对美的感知和理解，更是对创新的深层次认知和实践。在美育的学习过程中，个体通过欣赏艺术作品，体悟艺术家如何打破常规，运用独特的表达方式来传达情感和思想。这种体验和感悟不仅拓宽了个体的审美视野，还启发了个体的创新思维。在欣赏各种形式的艺术作品时，个体学会了从不同的角度观察世界，学会了质疑传统、挑战固有观念和思维定式。正是在这种潜移默化的熏陶中，个体的思维边界才不断被延展，他们变得更加勇于创新和探索。

在艺术创作和审美活动中，个体不仅需要具有敏锐的观察力和深刻的理解力，还需要拥有丰富的想象力和创造性。这些活动往往需要个体从不同的角度去思考和表现，不断尝试新的表现手法和创作技法，通过实验与探索来寻找最佳的表达方式。例如，在绘画创作过程中，艺术家并不只是简单地再现客观世界，而是通过巧妙的构图、丰富的色彩运用和充满感染力的线条来创造出独特的视觉体验。这种创作过程不仅是技术的积累，更是一种不断自我否定与挑战的过程，培养了艺术家不断革新、不断超越的精神。同样地，在科技创新、商业设计等其他领域，个体也必须打破常规，勇于尝试新的方法和思路，通过不断的探索与实验来推动创新的发展。

美育理论研究还特别强调了合作与交流的重要性。在艺术创作中，许多作品需要团队合作才能完成。不同的艺术家或设计师各自发挥特长，紧密合作，共同完成一件作品。这种合作过程不仅能够吸收多种多样的思想和创意，还能激发新的灵感和创新点子。例如，在舞台剧的创作过程中，编剧、导演、演员、舞美设计等各个环节需要密切协调，通过不断的沟通和交流才能创造出一部具有艺术冲击力的作品。同样，在科学研究和技术开发中，跨学科的团队合作越来越成为一种趋势，通过不同领域的专家合作可以碰撞出更多的创新火花。

美育理论还强调心灵的自由和思想的解放。美育倡导个体在面对艺术时能以开放的心态去感知和体验，在这种自由的环境中个体的想象力和创造力得到了充分的释放。他们不受固有观念和传统束缚，敢于尝试和探讨新奇的甚至看似荒诞的想法，从而激发出更多的创新灵感。例如，在现代艺术中很多作品打破了传统的艺术形式，通过大胆的造型、特殊的材质和新颖的技术手段呈现出全新的艺术体验，这种对传统的挑战和突破本身就是一种极具创新性的实践。

美育理论研究的价值不仅在于提升个体的审美能力，更在于通过探索美的创造过程和创新方法，激发个体的创新思维和想象力。在艺术审美活动中，个体学会了多角度观察世界，掌握了突破常规、质疑权威的思维方式。这种对创新的追求和实践并不仅限于艺术领域，而是能够迁移到生活和工作的各个方面。例如，在面对复杂的社会问题和科技难题时，那些具备创新思维的人往往能够提出更加灵活多样的解决方案，从而推动社会进步和发展。

在这个全球化竞争日益激烈的时代，美育理论研究不仅是艺术教育的一部分，更是培养创新型人才、提升国家竞争力的重要途径。国家要在未来的国际竞争中占据一席之地，除了技术上的突破，更重要的是思维方式的革新和创新意识的培养。而美育理论正是通过对个体审美能力的提升，对创新过程的探索，培养能够应对未来挑战的跨学科、跨领域的创新型人才。

美育理论研究通过多方面的探索和实践，丰富了我们对美和创新的理解，使我们能够在各种领域应用这些理论和方法推动创新的发展。美育不仅提升了个体的精神境界和审美能力，更潜移默化地培养了个体的开放思维和创新意识。这种对创新的不断追求将为我们的社会和国家注入源源不断的动力，推动社会的进步和发展。美育理论不仅赋予个体生活中的美好体验，更是为了民族和国家的未来培养出具有创新精神和实践能力的新一代，使我们在面对未来的各种挑战时能够勇往直前，不断创造新的辉煌。

三、美育理论研究有助于塑造完善人格

美育不仅是艺术技能的传授，更重要的是通过艺术教育和审美活动来陶冶性情、净化心灵。美育是一个广阔而深刻的教育范畴，它涵盖了从美术、音乐到舞蹈、戏剧等各种形式的艺术活动。在这种教育过程中，个体不仅获得了对美的敏锐感觉和创造能力，更重要的是在美的熏陶下形成了内在的道德和精神素养。

美育理论研究强调美的教育价值与人格培养的内在联系，认为美育是塑造完善人格的重要途径。美并不仅仅存在于艺术作品中，它同样渗透在我们的日常生活中，影响着我们对世界的认知和对自我的理解。在感受美、体验美、创造美的过程中，人们学习到的不仅是艺术本身的知识与技能，还培养了对生活的热爱和对人性的尊重。通过对美的理解和探究，个体能够提升自身的审美素养，进而在潜移默化中养成高尚的道德情操、健康的审美情趣和良好的行为习惯。这些品质共同构成了完善的人格基础。

道德情操是人格的重要组成部分，它决定了一个人在面对困境和挑战时能否坚持正确的价值观和行为准则。美育通过对艺术作品的欣赏和体验，使人们在潜移默化中感受到真、善、美的力量。例如，通过欣赏伟大的艺术作品，人们可以感受到艺术家在创作过程中所表现出来的崇高情感和伦理观念，从而受到启发和感染。美育使人们在审美过程中感受到人性的光辉，使他们更愿意在日常生活中践行这些美好的品质。健康的审美情趣是人们生活品质的重要体现。通过美育的熏陶，人们可以从日常生活中发现并享受美好的事物，大到自然风景和建筑艺术，小到生活中的每一个细节。比如，一个具有良好审美情趣的人能够在忙碌的工作之后，通过欣赏一场音乐会或走进一座美术馆让心灵得到放松和净化，提高生活的幸福感和满意度。健康的审美情趣还能够帮助人们建立积极的人生态度，使他们在面对生活中的挫折和困扰时，能够以更豁达和乐观的心态去应对。

良好的行为习惯是人们在社会生活中建立和谐人际关系的重要保证。在美育过程中，通过对艺术行为规范和审美标准的认知，个体能够更好地理解和尊重他人。在一个充满美感和艺术氛围的环境中，人们更容易形成文明礼貌、礼让宽容的行为习惯。例如，在一次成功的舞台表演中，演员之间的默契配合、对观众的

第一章 美育的理论基础

尊重以及对艺术的敬畏，都是良好行为习惯的具体体现。通过美育，个体在潜移默化中养成这些良好的行为习惯，更好地适应社会生活，并与他人建立起和谐愉快的人际关系。

在现代社会，人与人之间的交往日趋频繁和复杂，个人的道德与行为素质浮现出更为重要的作用。通过美育的实施，个体不仅能够提升自身的素养，而且能够在与他人的互动中展现出更加成熟和完美的人格，进而提升整个社会的文明程度和道德水准。美育还能够激发人的创造力和想象力。通过艺术创作，个体可以自由地表达内心的情感和思想，打破惯性的思维模式，发现新的视角和解决问题的方法。当这种创造性的思维方式渗透到日常生活和工作中时，个人的创新能力和适应能力也会随之增强。许多伟大的科学家和发明家不仅在自己的专业领域内取得了卓越成就，同时也拥有深厚的艺术修养。达·芬奇就是一个典型的例子，他不仅是杰出的艺术家，还是卓越的科学家、发明家。通过综合艺术与科学的思维方式，他能够在解剖学、工程学等领域实现跨越式的创新。另一个例子是爱因斯坦，他热爱音乐，尤其喜欢拉小提琴。音乐帮助他在科学研究中找到灵感，让他在探索宇宙奥秘的过程中能够保持敏锐的洞察力和创新精神。

美育不仅在塑造个体的艺术素养方面具有重要意义，更在培养高尚的道德情操、健康的审美情趣和良好的行为习惯方面发挥着关键作用。通过美育的养成，人们能够在社会生活中更加和谐地与他人相处，实现自我价值的最大化，进而推动社会的整体进步和发展。美育还是一种跨文化的沟通工具。在全球化进程中，各国之间的文化交流变得尤为重要。通过美育，个体能够更好地理解和尊重其他文化，从而促进跨文化的交流与合作。例如，通过学习和欣赏外国的音乐、舞蹈、绘画等艺术形式，人们不仅能够丰富个人的艺术体验，还能增进对其他民族和文化的理解与尊重。这种跨文化的理解与尊重，对于国际关系的和谐发展具有深远意义。

美育是一种综合性的教育方式，它不仅关注个体的艺术技能和审美能力，更注重道德情操、审美情趣和行为习惯的培养。在现代社会，美育的重要性日益凸显，它不仅能够塑造个人的完善人格，还能够提升社会的文明程度和道德水准。通过美育，人们能够学会欣赏和创造美，培养健康的审美情趣，养成良好的行为习惯，

实现自我价值的最大化,进而推动整个社会的进步和发展。

在未来的发展中,教育工作者和社会各界应更加重视美育的实施,将其融入学校教育和社会教育的各个方面,使之成为一种普及化和常态化的教育形式。只有这样,美育的真正价值才能得到充分发挥,帮助更多人走向高尚和谐的人生,实现个人和社会的共同进步。

四、美育理论研究有助于传承和弘扬民族文化

现代社会面临着全球化带来的诸多文化挑战,尤其是一些小型或弱势民族的文化传统与艺术瑰宝正处于被同化或淡化的风险之中。作为抵御这种同质化趋势的重要工具之一,美育理论研究为保护和传承民族文化提供了有力支持,通过发掘、本地化与创新等策略,帮助不同民族在全球化的浪潮中保持其独特性与文化自信。

美育理论研究不仅是对艺术形式的探索,更重要的是对文化内涵和社会背景的深度解读。美育通过分析艺术作品的历史、观看技巧、审美价值等各个维度,让人们深入理解和欣赏这些作品。例如,中国的传统绘画、书法、戏曲等艺术形式都有着深厚的文化根基和历史积淀。通过系统性研究,美育可以从艺术流派、技法演变、审美观念等方面深入挖掘,并且通过理论升华,使现代人能够以更全面的视角来理解这些艺术形式的内涵和价值。对民间工艺,如剪纸、刺绣、陶瓷制作等的研究和推广,则有助于保存这些文化遗产,并激发其在现代社会中的新功能和新意义。

在实践层面,美育的实施并不局限于高等教育和专业领域,它更应该是面向大众、渗透到日常生活中的一种教育形式。学校和家庭作为基础教育的两大阵地,需要承担起传承民族文化的重要职责。例如,可以通过将传统文化课程纳入学校课程体系,组织丰富多彩的文化体验活动,如参观历史博物馆、参加传统艺术工作坊等,让年轻人从小就感受到文化的魅力。在家庭教育中,父母可以通过讲解传统故事、参与节日庆典活动等方式,使孩子们在耳濡目染中接受文化熏陶。社会各类文化机构和公众媒体也应积极参与美育的推广工作。文化机构如美术馆、剧院、文化中心等,可以定期举办展览、演出和讲座,向公众展示丰富多彩的民

族文化。公众媒体则通过影视、广播、网络等多种平台，以纪录片、访谈节目、短视频等形式传播文化知识和艺术美感。通过这些多元化的媒体渠道，美育理念可以得到更广泛的传播，让更多人接触和了解不同民族的文化和艺术。

美育不仅是对审美能力的培养，更是对人的心灵和精神的净化和提升。通过艺术教育，人们能够在美的体验中感受到文化的深邃和丰富，从而提升整体文化素养。比如，通过观看传统戏剧，不仅可以欣赏到艺术表演的高超技巧，更可以领悟到戏剧中所蕴含的人生哲理和伦理观念。通过参与民族舞蹈和音乐的学习，人们在领略艺术之美的同时，也能感受到其背后鲜活的生活风貌和情感表达。

美育在传承和弘扬民族文化方面的作用是复杂而深远的。它不仅在具体的艺术形式和文化内容上有所体现，更在文化理解、情感认同和社会共识上发挥着关键作用。通过美育，可以激发人们对本民族文化的热爱和保护意识，使得千百年来积累的文化遗产在现代社会中继续传承和发扬。而这种文化传承不仅是对过去的留恋，更是对未来的希望。通过现代美育的推广，新的艺术形式和文化表达将不断涌现，既保留传统精华，又融入现代创意，实现文化的创新和发展。美育还有助于不同民族之间的文化理解和尊重。通过欣赏和学习彼此的艺术和文化，人们能够更好地理解和尊重不同文化背景下的人群，从而促进文化交流和共同进步。面对全球化的发展，不同民族之间的文化冲突和融合成为不可避免的现象。在这种背景下，美育能够起到桥梁作用，使人们在欣赏艺术之美的过程中，增进对不同文化的理解和包容，推动文明的对话和共生。

美育理论研究对于传承和弘扬民族文化有着重要的实际意义和深远的历史意义。它不仅帮助我们在全球化背景下坚持和强化文化根基，更为各民族文化的多样性和独特性提供了有效的保护和传播途径。通过美育的推广，无论是在理论研究、教育实践还是社会推广方面，都能广泛地提升人们的文化素养，增强文化认同和自信，从而推动人类文明在文化层面的全面进步。

美育作为一项面向全社会的长期教育工程，不仅是现有文化的守护者，更是推动文化不断创新和发展的动力源泉。通过科学的美育理论体系和有效的实践方法，我们能够更好地传承、创新和发展各民族的文化和艺术，使其在新时代中焕发出新的光彩，为推动全人类的共同进步贡献重要力量。

五、美育理论研究有助于推动社会的和谐发展

美育理论研究是推动社会和谐发展的重要力量。美不仅是心灵的礼赞,更是社会的润滑剂和进步的催化剂。通过深入探讨和传播美的理念和价值观,美育理论研究为社会的稳定和和谐提供了一种独特的文化支持。一方面,美育通过培养公众的审美情趣和人文素养,提高了整个社会的文明程度,塑造了更加富有人性和文化底蕴的社会面貌;另一方面,美育引导人们用更加积极、健康的态度去面对生活中的挑战和困难,从而减少社会矛盾和冲突的发生,有效地促进了社会的长治久安。

美育理论研究不仅关注个体的审美能力的提升,更注重培养创新精神和塑造完满的人格。通过美育,个体能够更加敏锐地感知和欣赏美,不仅是在艺术领域,更是在日常生活的点滴中。这样的感知能力培养了个体的创新意识,因为美经常是创新的源泉。同时,通过对美的追求与理解,个体的人格也得到了进一步完善,变得更加坚韧、自信和包容。这种精神和人格的培养不仅利于个人的成长和发展,更形成了推动社会进步的内在动力。

美育理论研究对于传承民族文化具有不可替代的作用。在全球化进程加速的今天,许多国家和地区面临着文化同质化的挑战。美育,尤其是植根于本民族优秀传统文化的美育,能够有效抵御这种同质化倾向,保持文化的多样性。从传统书法、绘画、戏曲,到现代艺术和设计,都是美育的重要内容,通过对这些内容的继承和发展,我们不仅传承了丰厚的民族文化遗产,更增强了民族自豪感和文化自信。在科技飞速发展和人们生活水平日益提高的当今,美育的使命和责任也越发重大。在信息爆炸的时代,人们的审美观念和文化需求发生了巨大的变化。面对这些新挑战,美育理论研究必须不断探索新的理念、新的方法和新的途径,以适应新时代的需求。例如,数字美育的开展、线上艺术教育平台的搭建、跨文化艺术交流的推广等,都是对美育理论研究的积极探索。

数字美育是适应现代信息技术发展的产物,通过数字化手段将艺术教育推向更广的受众。线上艺术教育平台的搭建,使得无论城乡、无论贫富的人都能平等地享受美育资源,从而缩小教育资源分配的不平衡。跨文化艺术交流更是让不同民族、国家和地区的文化能够互相碰撞，从而产生新的艺术火花。这个过程中，人们不仅能够看到多样的艺术形式，还能够在欣赏和学习中提高自身的审美水平。

我们应该更加重视美育理论研究工作，将其纳入教育体系和社会发展的总体规划中。通过多层次、多维度的研究和实践，探索适合不同年龄、不同教育背景、不同社会需求的美育模式。比如：在儿童教育阶段，应该通过丰富的美术、音乐、舞蹈课程，激发孩子对美的敏感性；在青少年教育阶段，可以通过美育的熏陶，帮助他们建立健康积极的人生观和价值观；在成人教育和终身学习中，美育课程同样不可或缺，为工作中的职业人群和老年人带来心灵的愉悦和精神的慰藉。

美育理论研究不仅是教育领域的一项专业课题，更是社会和谐发展的重要推动力。通过不断的探索和实践，我们能够在美的道路上行稳致远，为构建和谐社会、实现可持续发展做出更大的贡献。要恢复和挖掘美育在实际生活中的卓越功效，还需要包括各方面的共同努力，特别是政府、社会组织、教育机构和文化艺术界等的支持和参与。政府应当制定有利于美育发展的政策和法规，为美育提供资金、设施等支持。社会组织和非营利机构可以通过组织各类美育活动、提供志愿服务，促进社会文化水平的提升。教育机构更应主动担负起美育的重责，通过课程、课外活动等多种形式来实现美育目标。文化艺术界也应该积极参与，把优秀的美育资源与公众共享。

美育理论研究作为一种全面提升公众审美素养以及文化水平的重要手段，在今后的社会发展中将扮演越来越重要的角色。我们不仅需要加强对美育理论的研究，更需要付诸实践，通过多种形式、多种途径将美育融入人们的日常生活中，从而真正实现美育熏陶全社会的目标。通过美育，我们可以打造一个更加和谐、更加美好的社会，让每一个生活在这个社会中的人都能享受到美的滋养和精神的富足。

第三节 美育的哲学基础

美学与美育是两个紧密相连的领域，它们在相互影响中共同促进着人类对美的认知与追求。美学作为研究美的本质、规律及审美意识的科学，为美育提供了理论指导；而美育实践则通过具体的教育活动，使美学的理论得以落地生根，同时反哺美学，丰富其内涵。以下从美学对美育的指导作用及美育实践对美学理论的反哺两个方面展开详细论述。

一、美学对美育的指导作用

美学对美育的深远影响无疑是巨大的且多方面的，它不仅在理论层面上为美育奠定了坚实的基础，同时也贯穿具体的美育实践之中。作为哲学的一个重要分支，美学深入探究了"美"的本质和特点，为美育提供了丰富且深刻的理论依据。而美育，目的在于培养人们的审美感受力、鉴赏力和创造力，这种培养过程自然离不开美学的指导和引领。

美学为美育搭建了深厚的理论框架。通过对美的本质、形态和范畴的深入探讨，美学构建了一整套全面而系统的理论体系。这不仅揭示了美的内在逻辑，还为美育实践指明了方向。例如，美学讨论了什么是美、如何鉴别和评判美、美的不同表现形式等，从而帮助美育制定相应的教学计划和目标。

美学原理在教育活动的设计与组织中也发挥了至关重要的作用。具体来说，在艺术创作指导、学生审美观念培养等各个方面，美学理论都起到了关键的支撑作用。举例来说，在课堂上的艺术创作指导中，教师可以依据美学理论来引导学生思考作品的审美价值和意义。这不仅有助于提升学生的创造力和想象力，而且能够提高他们的审美层次和审美情趣。美学理论还能够确保美育内容的科学性和系统性。在制定美育课程和活动时，通过美学的理论支持，教育者能够建立起科学、全面和系统的美育内容框架，从而保证美育的质量和效果。例如，在设计美育课程时，教育者可以根据美学的分类体系来选择不同类型的艺术作品，从而在更深层次上引导学生理解和欣赏美。

美学不仅是指导美育内容的理论框架，还引领了美育的审美价值取向。美学探讨并阐释了何谓美、如何审美的问题，这些理论转化为具体的审美价值取向，帮助教育者和学生发现、感受和体验生活中的美。在实践中，通过欣赏与解析艺术作品，学生能够更好地理解美的多样性，并逐渐提升其审美品位。例如，通过鉴赏不同文化背景下的艺术作品，学生可以感知到不同文化对美的理解，从而培养其多元化的审美观念。

美学对美育实践有着创新性的推动作用。随着时代的变迁和科技的进步，人们对美的追求和定义也在不断变化。美学作为一门创新学科，能够不断吸纳和融合新的理念和成果，为美育提供新鲜的思路和方法。例如，在当代，数码艺术和新媒体逐渐成为艺术创作的重要形式。美育实践若能吸收这些美学新成果，设计出符合时代特色的审美教育内容，将使传统美育焕发新的生机和活力。通过数码艺术和新媒体的结合，美育可以设计出更加多样和互动性的教学内容。例如，利用虚拟现实（VR）技术，学生可以身临其境地体验古代艺术作品的创作过程，或者通过增强现实（AR）技术，学生可以在现实世界中与数字化的艺术作品互动。这些创新的方法不仅提升了学生的审美体验，还激发了他们的学习兴趣和创造力。

美学与美育的深度融合，不仅是为了提升美育的效果，更是为了引导人们形成正确的审美观，能够在日常生活中发现和创造美。实现美育的终极目标，即提升人类的审美素质和文明程度。美学提供的理论指导，不仅有助于学生在艺术作品中发现美，也帮助他们在日常生活中培养敏锐的审美感知，进而提升生活质量和精神境界。

美学通过其深刻的理论分析和广泛的实践应用，为美育提供了坚实的支持。它不仅帮助教育者设计出科学、系统的美育内容，还引导学生逐渐形成正确的审美观念，提升其审美素质。在当今这个充满变化和挑战的时代，结合美学最新研究成果和科技进步，美育的实践可以不断创新，焕发新的生命力。通过这种深度融合，美育不仅是教育的一部分，更是提升社会文明和人类精神层次的重要途径。

二、美育实践对美学理论的反哺

美育实践对美学理论的反哺作用具有深远的意义和价值。通过美育实践，人们能够更深入地理解和感受美的本质，这不仅验证了美学理论的真理性，还为其提供了丰富的新素材，推动了理论的创新与发展。实践是检验理论的试金石，人们在美育实践中亲身参与审美活动，直接体验美的魅力，从而检验美学理论与现实生活的契合度。同时，美育实践中遇到的新问题和现象，为美学研究提供了宝贵的素材，有助于发现新的研究方向，拓宽研究边界。美育实践中的新成果和启示，不断推动美学理论的创新，使其保持先进性和指导力。

实践是理论检验的根本途径。美育实践是具体美学理论与实际审美活动之间的桥梁。在美育实践中，人们通过亲身参与各种形式的艺术活动，如绘画、音乐、戏剧、舞蹈等，对美的感受变得更加真实和具体。这种直接的审美体验，不仅使得人们可以在具体的情境中感受美的魅力，还可以帮助他们更好地理解和内化美学理论。例如，审美中的"和谐美"的概念只有在实践中，通过人们对艺术作品的感受和欣赏，才能够得到全面的理解和验证。美育实践为美学理论提供了源源不断的新素材。这些素材不仅丰富了美学理论的内容，还为美学理论的深化提供了契机。在美育实践中，教师、学生和艺术家会遇到大量的实际问题和新现象，这些问题和现象往往是理论研究所无法预见的。这些实际问题提出了新挑战，促使美学理论工作者进行再思考和再研究，从而推动理论的进步。例如，现代艺术教育中的多样化和个性化趋势提出了美的新标准，这些新标准迫使美学理论家去重新审视传统的美学观念，从而促进理论的更新和进步。美育实践中的新成果和新启示不断推动美学理论的创新。在具体的审美教育活动中，很多新的教育方式和手段应运而生，这些新的方式和手段不仅增强了审美教育的效果，还为美学研究提供了新的思路和视角。例如，跨学科的艺术教育方式已经成为一种趋势，这种方式不仅拓宽了学生的视野，还打破了传统学科之间的界限，从而为美学研究带来了新的可能性。学生在这种新型的教育方式中学到的不仅是具体的艺术技能，更重要的是一种全新的审美观念和思维方式。

美学与美育之间关系密切，相辅相成。美学为美育提供理论指导，而美育实践则反哺美学，使其焕发新活力。这种互动关系共同促进了人类社会的审美进步和文化繁荣。在文化全球化和信息化迅速发展的今天，美学和美育之间的这种互动关系显得尤为重要。通过审美教育的实践，可以培养出具有国际视野和文化自信的现代公民，这不仅有助于提升个体的综合素质，还将促进社会的和谐和可持续发展。我们应深化对美学与美育关系的理解，充分发挥它们的优势，推动审美教育的整体发展。通过这种双向良性互动，我们将提升社会整体的审美水平和文化素养，为社会的全面进步和和谐发展贡献力量。一方面，我们需要通过系统的学术研究来深入探讨美学理论，形成严密和科学的理论体系。另一方面，我们也应当重视美育实践，不断创新和改进审美教育的方式和方法，使更多的人能够接受到高质量的美育。社会各界应共同参与和支持美育实践，使其真正成为全民参与的事业。学校、家庭、社区和文化机构应密切合作，共同营造良好的审美教育环境。只有在这种全社会共同关注和努力的背景下，美育实践才能更好地发挥其反哺美学的作用，推动美学理论和审美教育的全面发展。

美育实践对美学理论的反哺作用不容忽视。它不仅验证了美学理论的真理性，还为其提供了丰富的素材和创新动力。通过深化对美学与美育关系的理解，我们将能够开创审美教育的新局面，促进人类社会的审美进步和文化繁荣。在21世纪这个充满挑战和机遇的时代，审美教育将成为人类社会迈向更加美好未来的重要力量。

三、哲学观念在美育中的体现

美育，作为培养个体审美能力和创造力的重要途径，一直以来都是教育领域中不可或缺的一环。在美育的实施过程中，哲学观念以其深邃的思想底蕴和广泛的指导意义，对美育的理论和实践产生了深远的影响。下面从主观与客观的美育哲学以及理性与感性的平衡发展两个方面，探讨哲学观念在美育中的具体体现。

（一）主观与客观的美育哲学

在现代社会，美育对提升个人素养至关重要，其哲学基础包括主观和客观两种美育哲学。

主观美育哲学重视个体在审美中的主观体验和情感认知，认为美是心灵的创

作，强调情感、想象力和理解力在审美中的作用。教育者引导学生通过感知和体验开发审美情感，培养他们独特的审美视角和创造力。这种哲学尊重学生差异，鼓励独立思考和创新，对培养批判性思维和创造精神至关重要。

客观美育哲学则关注美的客观存在和普遍性，认为美是客观属性，不依赖主观意识。它注重传授美的客观知识和规律，帮助学生以理性和科学的态度认识和欣赏美。通过讲解、示范等手段，教育者向学生展示美的标准和表现形式，提高他们的审美素养。

过分强调任何一种美育形式都可能导致片面性。主观美育过度可能导致忽视美的普遍标准，而客观美育过度则可能压抑个体感受。因此，寻求主观与客观美育的平衡至关重要。在实际美育实践中，结合这两种哲学能形成更全面、均衡的美育方式。例如，艺术课上，教师可先让学生自由欣赏艺术作品并分享感受，再引导了解作品背景、风格和技巧。这种方式结合了学生的主观感受和对美的客观认知，既让学生体验美的愉悦，又深化对美的理解。

将主观与客观美育哲学相结合，能最大限度发挥两者优势，形成全面、均衡的美育方法。这有助于培养情感丰富、具备独立思考和创新精神的个体，促进他们在理性和感性方面的全面发展，为未来学习和生活打下坚实基础。

（二）理性与感性的平衡发展

理性与感性作为人类认识世界的两种基本方式，在美育中同样具有举足轻重的地位。理性美育强调对美的理性分析和认知，而感性美育则更注重对美的直观感受和体验。在美育的实施过程中，理性与感性的平衡发展至关重要。

理性美育致力于培养学习者的逻辑思维能力和审美批判意识。通过引导学习者对艺术作品进行深入的理性分析，探究其背后的思想内涵、艺术手法和审美价值，从而提升他们的审美鉴赏力和判断力。同时，理性美育还鼓励学习者以批判性的眼光审视各种审美现象，不盲从、不迷信，形成独立的审美见解。感性美育则更加关注学习者的直观感受和情感体验。它鼓励学习者通过亲身的体验和感受，直接触摸到美的本质和力量。在感性美育的实践中，教育者会创造各种情境和机会，让学习者能够亲身感受到美的存在和魅力。这种以感性体验为基础的美育方式，可以极大地丰富学习者的审美经验，激发他们的创造灵感和想象力。

在美育的实践中，理性与感性并非截然分开，而是相互交织、相互影响的。理性分析可以深化我们对美的理解和认识，而感性体验则可以让我们更加直观地感受到美的存在和力量。因此，在美育的实施过程中，需要将理性与感性有机地结合起来，让学习者在理性与感性的交融中全面提升自己的审美素养和创造能力。

哲学观念在美育中的体现是多方面的、深层次的。主观与客观的美育哲学为美育的实施提供了不同的视角和思路，而理性与感性的平衡发展则是实现美育目标的重要途径。在未来的美育实践中，我们应该继续深入探索哲学观念与美育的契合点，不断创新美育理念和方法，为培养具有高尚审美情操和创造力的个体贡献力量。

第四节 美育的心理学基础

一、审美心理过程解析

审美心理是人们在审美活动中所持有的特殊心理状态，是审美主体在审美活动中产生的极其复杂的心理活动和心理过程。这种心理过程和状态涉及感知、想象、情感等多种心理要素，它们共同构成了审美心理的完整流程。以下从感知、想象与情感在审美中的作用，以及审美心理活动的阶段与特点两个方面进行深入的探讨。

（一）感知、想象与情感在审美中的作用

感知是审美心理过程的起点，是审美主体通过感官对审美对象进行直接反映的心理活动。在审美活动中，感知起着至关重要的作用。首先，感知为审美主体提供了丰富的感性材料，这些材料是审美主体进行后续审美活动的基础；其次，感知还具有选择性，它能够在众多信息中筛选出与审美主体兴趣、经验相符的部分，从而引导审美活动向更深层次发展。

在审美感知过程中，审美主体不仅通过视觉、听觉等感官去捕捉审美对象的形状、色彩、声音等外在特征，还会进一步探究其内在的意义和韵味。这种感知过程既是客观的，又带有主观的色彩，它受到审美主体既往经验、知识结构和情感状态的影响。

想象是审美心理过程中的重要环节，是指审美主体在感知的基础上，通过大脑的加工和创造，形成新的审美意象的心理过程。想象能够突破时间和空间的限制，将审美主体带入一个更为广阔和自由的审美境界。在想象中，审美主体可以自由地组合、变换和创造审美意象，从而获得更加丰富和深刻的审美体验。

想象在审美活动中具有两大功能：一是再现，即根据已有的感知材料重现过去的审美情境；二是创造，即通过分解、组合、变形等方式创造出全新的审美意象。这两种功能相互交织，共同推动着审美活动的深入进行。

情感是审美心理过程中的核心要素，它贯穿审美活动的始终，为审美活动注入了强烈的动力。在审美过程中，审美主体的情感状态直接影响着对审美对象的评价和感受。当审美对象符合审美主体的情感需求时，就会引发积极的情感体验，如愉悦、兴奋等；反之，则可能引发消极的情感体验，如厌恶、失落等。

情感在审美活动中不仅具有调节作用，还具有驱动作用。它能够推动审美主体更加深入地探索审美对象的内涵，从而达到更高层次的审美境界。同时，情感还是审美主体与审美对象之间沟通的桥梁，它使审美主体能够更加真切地感受到审美对象的生命力和韵味。

（二）审美心理活动的阶段与特点

审美心理活动是探索与感悟美的过程，可分为四个阶段：一是准备阶段，初步接触和认知审美对象，注意力、兴趣等心理因素被唤醒，为接下来的审美做好准备；二是初步感知阶段，开始深入探寻审美对象的内在结构和意义，想象和情感融入感知中，使感知内容更丰富；三是深入体验阶段，通过想象和情感与审美对象产生共鸣和交融，体验到前所未有的美的震撼；四是回味与评价阶段，回味整个审美过程，对审美对象进行总体评价和判断，丰富和提升自身的审美心理结构。

这个过程中，感知、想象和情感等心理要素相互交织，推动审美活动的深入进行。感知让我们捕捉美的存在，想象探寻美的内涵，情感则让我们与美产生共鸣。这些心理要素的和谐共振，使我们领略美的真谛。了解这些心理要素对理解和把握审美现象意义深远，能提升审美能力和境界，引导我们走向更丰富的精神世界。审美心理活动是永无止境的探索过程，每次审美体验都独特且值得珍藏。

我们应珍视每次审美体验，深入挖掘并丰富自己的审美经验和内心世界。掌握审美心理活动的内在机制，我们将更自信地追求美，以深邃的目光欣赏和创造世界的美好。审美心理活动严谨而富有层次，带领我们领略美的无尽魅力，丰富我们的精神世界。

二、美育对个体心理发展的影响

美育，即审美教育，是指通过培养个体对自然、社会和艺术之美的感受、鉴赏与创造能力，进而促进个体全面和谐发展的一种教育形式。在个体心理发展的过程中，美育扮演着举足轻重的角色，它不仅关乎认知能力的发展，更与情感态度的培养密不可分。以下分别探讨美育在这两个方面的具体影响。

（一）美育与认知能力的发展

认知能力是个体认识世界、处理信息的基本能力，包括感知、记忆、思维、想象等多个层面。美育通过独特的方式对认知能力的各个层面产生深远影响。

美育能够提升个体的感知能力。在审美活动中，个体需要细致观察、敏锐捕捉各种美的元素，如色彩的搭配、线条的流畅、音律的和谐等。这种对美的感知训练，使得个体在日常生活中也能更加敏锐地捕捉到各种信息，从而做出更为准确和迅速的反应。

美育有助于增强记忆力。在欣赏美术作品或聆听音乐时，个体往往需要记住作品中的某些细节或旋律，以便在后续欣赏中能够更好地理解作品。这种对美的记忆训练能够迁移到其他学习领域，帮助个体更好地记忆和理解知识。

美育能够激发思维活力。审美活动往往需要个体进行深入的反思和解读，探索作品背后的意义和价值。这种反思和解读的过程正是思维训练的重要体现。通过美育的熏陶，个体能够养成独立思考的习惯，提升分析问题和解决问题的能力。

美育对于想象力的培养具有不可替代的作用。艺术作品往往留给观众无限的想象空间，个体可以根据自己的理解和感受对作品进行再创造。这种想象的过程极大地丰富了个体的精神世界，也为创新思维的发展奠定了坚实基础。

（二）美育与情感态度的培养

美育对个体成长影响深远，尤其在情感态度培养上起着关键作用。美育能陶冶情操，提升生活品质，激发对美好生活的追求，并引导个体辨别美丑、善恶，形成正确的价值观。同时，美育对培养情感调控能力至关重要，帮助个体在复杂社会中妥善处理情感关系，保持平稳和谐的情感状态。此外，美育还能激发创造热情，通过艺术创作让个体找到表达途径，体验喜悦和成就感。

美育不仅提升认知能力，更在多个层面培养健康、积极的情感态度。因此，我们需要重新审视美育的地位和作用，通过丰富的美育实践提供多元资源，促进个体全面和谐发展。实践过程中，应注重科学性、系统性，考虑个体特征，贴近实际生活，引导向更高的美学和情感境界发展。利用现代科技，创新美育形式，提高趣味性和实效性，吸引更多的人参与。

美育在培养情感态度方面具有显著作用和深远意义，是重要教育领域。通过全面、科学、系统的美育实践，可帮助个体形成健康、积极的情感态度，为未来全面发展奠定基础。美育的独特价值在于它兼顾认知与情感，是个体成长不可或缺的一部分。我们应充分认识并利用美育的潜力，为个体的全面、和谐发展创造更多可能。在当前教育背景下，更要强调美育的重要性，让其在个体成长中发挥更大作用。

第一章　美育的理论基础

第五节　美育的教育学基础

一、美育在教育目标中的地位

美育，即审美教育，是培养学生认识美、爱好美和创造美的能力的教育，是全面发展教育不可缺少的组成部分。在当今社会，美育在促进人的全面发展以及培养创新型人才方面发挥着越来越重要的作用。以下详细探讨美育与全面发展教育的关系以及美育在培养创新型人才中的作用。

（一）美育与全面发展教育的关系

美育与全面发展教育紧密相连，共同致力于塑造完整的人。美育在全面发展中占据关键地位，与其他教育元素如德育、智育、体育等相辅相成，促进学生全方位成长。

美育通过培养审美情感和审美能力，让学生发现美、欣赏美并创造美，从而在精神上得到升华。它不是孤立的，而是渗透到其他教育中，为其增添新活力。例如，融入美育的德育能更深刻地让学生体会道德规范的内在价值，而美育与智育结合则能激发学生的学习兴趣，培养创新思维。美育与体育的结合也十分重要。在舞蹈、体操等项目中，学生不仅锻炼身体，还感受形体与动作的美，丰富了体育教育的内容与形式。美育是实现人的全面发展的重要途径。它通过培养审美能力、创造力和人文素养，促进学生的能力全面发展。在参与审美实践活动时，学生的社会交往和合作精神也得以提升。更重要的是，美育尊重学生的个性，鼓励他们在审美领域自由探索，实现个性的全面发展。

美育以其独特的功能和地位，在全面发展教育中发挥着不可替代的作用。它与其他教育元素相互融合，共同构建完整的教育生态，为实现学生的全面发展提供了重要支持。

我们必须深刻认识到美育的重要性，充分发挥其在全面发展教育中的作用。通过加强美育教育，我们可以更好地培养学生的审美情感和审美能力，让他们在发现美、欣赏美、创造美的过程中实现自我提升和超越。同时，美育还能与其他教育元素相互促进，共同推动学生的全面发展。我们还需不断探索和创新美育的实施方式和手段，以适应不同学生的需求和特点。通过丰富多彩的美育实践活动，让学生在亲身体验中感受美的魅力，提升他们的审美素养和人文素养。这样，我们才能真正实现美育与全面发展教育的有机融合，培养出更多德智体美劳全面发展的优秀人才。

（二）美育在培养创新型人才中的作用

美育在培养创新型人才中起着关键作用。通过引导学生欣赏和创造美，美育不仅提升审美情感，更激发创新思维。在美育熏陶下，学生对美产生浓厚兴趣，进而追求和创造美，这种动力推动他们积极创新，探索新的艺术形式和表现方法。同时，美育通过艺术实践锻炼学生的动手和批判性思维能力，促使他们将创新理念转化为实际成果。此外，美育塑造创新人格，培养学生勇于探索、坚韧不拔以及开放包容等品质，这对于创新型人才至关重要。因此，美育不仅促进学生全面发展，提高他们的审美和人文素养，更在激发创新思维、培养创新能力以及塑造创新人格方面发挥显著作用。在教育实践中，应充分重视美育，并与其他教育方式结合，共同致力于学生的全面发展和创新型人才的培养。美育的独特价值在于它能够通过情感的引导，使学生更加积极主动地探索和创新，这是培养未来社会所需人才不可或缺的一环。通过美育，我们可以更好地培养出既具有深厚人文素养，又具备创新精神和实践能力的全面人才，为社会进步贡献力量。缩编后的内容虽简短，但也力求保留原文的核心观点和结构，以展现美育在创新型人才培养中的多维度作用。

二、美育教学策略与方法

在当今的教育改革中，美育作为培养学生审美情感、创造力和文化素养的重要途径，越来越受到广大教育工作者的重视。为了更有效地实施美育教学，下面从跨学科融合的美育实践以及体验式、探究式美育教学方法两个方面进行深入探讨。

（一）跨学科融合的美育实践

跨学科融合的美育实践是教育领域的前沿探索，旨在打破学科壁垒，实现知识、技能与情感的交会，构建学生宽广、多元的审美世界。其中，文学以深厚的文化底蕴和独特艺术表现力成为美育的重要组成部分。学生通过阅读经典文学作品，可提升语言素养，领略不同文化与时代的风貌，培养全面、深入的审美能力。

历史学科为美育提供丰富的素材，帮助学生理解艺术作品的时代背景，感受不同历史时期的审美追求。科技与美育的融合则注入新活力，如虚拟现实技术让学生身临其境地感受艺术作品的细腻纹理。此外，美育还可与数学、物理等结合，提供探究美的新视角，培养综合素养。

在这种实践中，教师角色也发生了变化，成为学生探索美、创造美的引路人。跨学科融合的美育实践构建了一个丰富多彩、多元互动的审美学习环境，有助于学生全面提升审美素养和创造力。这种实践也面临挑战，如确保学科间的有机融合、平衡知识深度与广度、评估学习成果等。未来需要不断探索和完善该模式，提供更优质、高效的美育教育，培养创新人才。

跨学科融合的美育实践是教育发展的重要趋势，正逐渐改变传统教学方式和教育理念，为学生的全面发展和社会进步贡献力量。通过这种模式，学生能够在多元、宽广的审美世界中畅游，领略不同学科的美，培养出更加深厚的审美能力和创造力，为未来的发展奠定坚实基础。同时，这也需要教师具备全面的知识储备和灵活的教学技巧，以更好地引导学生进行跨学科的美育探索。尽管面临诸多挑战，但随着教育模式的不断完善和创新，跨学科融合的美育实践必将为学生的教育成长带来更加深远的影响。

（二）体验式、探究式美育教学方法

体验式、探究式教学方法在美育教学中占据重要地位，它们通过实践活动增进学生对美的感知，激发学生的创造潜能。体验式教学方法重在学生的亲身体验，引导学生融入实际的艺术环境中感受美。在音乐和美术课堂上，这种方法让学生更直观地把握艺术的韵律和意境，从自然和生活中汲取创作灵感。

探究式教学方法则更侧重于培养学生的思辨能力，通过提出挑战性问题，引导学生在探索中深入理解美的内涵。在欣赏名画时，这种方法不仅停留在表面解

读，还深入挖掘画作背后的故事，全面理解画作的美学价值。这两种方法并非孤立存在，而是相辅相成，共同为美育教学注入活力。在学科融合的美育实践中，它们更是展现出了无限潜力，使得美育不再局限于单一学科，而是与其他学科相互启发。

实施这些教学方法对教师提出了较高要求。教师需要具备专业素养和创新能力，才能引导学生亲身体验和深入探究。因此，教育工作者应积极参与美育教学研究，探索适合学生的教学方法。社会各界也应关注美育教学，为培养有审美情趣和创造力的人才贡献力量。通过这些先进的教学方法，可以为学生开启通往艺术殿堂的大门，让他们在亲身体验和深入探究中领略美的韵味，激发创造潜能，迎接更美好的未来。

第六节　美育的社会文化基础

一、社会文化对美育的影响与制约

在探讨美育与社会文化环境的关系时，可以清晰地看到两者存在着一种紧密相连和相互影响的关系。社会文化环境作为人们日常生活的重要背景深刻地影响着美育的发展，而美育反过来又推动了社会文化的传承与创新。美育与社会文化之间的这种互动关系体现了教育与文化间的有机联系。以下从多个角度详细阐述这种关系。

社会文化环境包含了诸多要素，对美育有着深远的影响。首先是价值观念。一种文化的价值取向无形中规定着其成员对美的认知和追求。例如，东方文化崇尚谦逊与内敛，这种价值观在美育中体现为对艺术作品的含蓄性和意境深远性的注重。传统的中国画以山水田园为主题，讲究"留白"和"意在言外"，其创作理念深受道家哲学的影响。反观西方文化，则更加推崇个性和直接表达，其美育更侧重于培养独立审美和创造力。西方的绘画艺术，从文艺复兴时期的写实主义到现代艺术中的抽象表达,都追求大胆创新和真实表达作者内心世界。传统习俗也为美育提供了丰富的题材和灵感,并塑造了人们的审美习惯。我国春节的喜庆氛围、中秋的团圆传统都伴随着特定的艺术形式,如剪纸、灯笼、音乐和舞蹈等,这些都引导人们对美的感知和理解。这种文化熏陶是潜移默化的,使每个人在成长过程中不断积累对美的认识和感受。多种艺术形式的存在和发展也对美育的实施产生了重要影响。绘画、音乐、舞蹈、戏剧等各门艺术形式,提供了多元化的审美体验和锻炼机会。这些艺术形式可以丰富美育的内容,使受教育者在不同方面得到审美能力的综合提升。例如,音乐教育不仅能培养人的音乐审美能力,还能提升情感体验和思维能力;而戏剧教育则能激发创造力和表达力,培养团队合作精神。

科技进步也为美育带来了深刻的变革。新媒体和互联网的普及显著拓宽了美育的边界,使人们可以便捷地接触到来自全球的艺术和文化。例如,通过在线博物馆和虚拟展览,人们不出家门便可欣赏到世界名画和历史文物。科技创新如虚拟现实、增强现实和人工智能等,也为美育提供了更加生动和高效的手段。这些技术不仅能够模拟真实的艺术场景,还能通过互动方式增强学习体验。社会文化环境对美育的影响并非都是积极的,某些因素可能会制约其发展。保守的文化观念可能成为艺术创新的桎梏,使美育陷入陈旧模式,无法与时俱进。例如,当代一些地区仍然固守传统观念,对新兴艺术形式和风格持排斥态度,这严重限制了美育的发展空间。另外,过度商业化的文化环境也可能使美育偏离初衷。在一些地方,艺术教育被过分"产业化",重视经济效益而忽视艺术本质,这样的美育往往是浮于表面,没有深层次的文化内涵。在美育实践中,必须充分考虑社会文化因素,以辩证的态度看待其影响,努力挖掘其中的积极成分,同时警惕和克服其消极因素。结合时代特点和社会需求,探索适合当前社会文化趋势的美育路径,培养具有文化底蕴和创新精神的人才,从而为社会的繁荣与进步贡献力量。

美育不仅是艺术教育,更是全面发展人的重要途径。美育通过艺术形式的教育,提供了丰富的情感体验和思想启迪,培养了人们欣赏美、创造美的能力。它不仅提高了个人的审美素养,还促进了心灵的成长和思想的提升。在面对社会文

化环境的双重影响时,我们必须保持清醒的头脑,既要充分利用其积极因素,又要警惕和克服其消极因素。

只有在这样的前提下,美育才能真正发挥其应有的作用,培养出既具有深厚文化底蕴又具备独立思考能力和创新精神的人才。美育与社会文化环境之间的关系是相互影响、相互制约的。在未来的发展中,我们需要不断探索和实践,找到两者之间的平衡点,以推动美育事业的健康发展,为社会的全面进步贡献力量。通过深入了解和灵活应对这种复杂关系,我们才能在美育的道路上走得更稳、更远。

二、美育在社会文化传承与创新中的作用

美育在培养人的审美和创造力方面至关重要,不仅关乎个人艺术修养,更影响社会文化的传承与创新。美育,简言之,是通过美的教育引导人们认识、体验并创造美,它融合了艺术教育、文化活动等,旨在提升审美情趣和创造力。这种教育形式不仅是对美感的简单认知,更是对人类精神和情感深度的探寻,从而为人的全面发展开辟了新的途径。

美育对文化传承有着不可替代的作用。通过丰富多彩的艺术教育和文化活动,美育有效地将社会文化的精髓、历史传统、民族精神传递给年青一代。这不仅是知识的传递,更是引导年轻人深入探索艺术作品背后的文化内涵和精神价值,从而增强对文化传统的认同感和归属感。无论是通过绘画、音乐、舞蹈,还是通过文学、戏剧等艺术形式,美育都在潜移默化中影响着学生,让他们在艺术的熏陶中领悟历史的厚重与文化的深远。

美育也是社会文化创新的重要推动力。它为人们提供了广阔的想象空间和自由的创造平台,激发了创新意识和创造能力。许多杰出的艺术家和科学家正是在美育的滋养下找到了灵感,创作出了划时代的作品。比如,达·芬奇的艺术创作不仅开创了文艺复兴的辉煌篇章,更影响了整个西方绘画史的发展。同样,现代科技领域的大师如史蒂夫·乔布斯,他的设计理念和创新精神在很大程度上也受到艺术教育的启发。因此,美育不仅促进了艺术领域的创新,也为科学技术的发展注入了新的活力。

第一章 美育的理论基础

在全球化背景下，美育还承载着跨国家和地区文化交流的重要使命。它为人们提供了共同的话题和沟通平台，通过欣赏和理解不同文化背景下的艺术作品，促进不同文化间的相互理解和尊重，为社会文化的多元发展注入新活力。随着全球化的深入，不同文化间的碰撞和融合变得越发频繁，艺术成为跨越语言和国界的桥梁。通过美育，人们能够更好地理解和欣赏异域文化，培养全球视野和包容心态，为构建和谐的国际社会作出贡献。

美育与社会文化环境之间存在密切的互动关系。社会文化环境影响美育的理念和实践模式，而美育又通过传承文化精髓、培养创新思维、促进文化交流等方式反作用于社会文化环境，推动其繁荣进步。比如：在一座历史文化名城中，美育可能更多地会强调对传统艺术形式的学习和传承；而在一个科技创新中心里，美育则可能更注重培养学生的创造力和创新能力。无论在哪种环境下，美育都在适应和回应社会的需求，同时也在不断塑造和提升社会的文化水平。当前，美育仍面临诸多挑战，如应试教育的压力、资源分布不均衡等。应试教育系统中，学科成绩往往被视为衡量学生能力的主要标准，这使得美育的重要性在很多地方被忽视。许多学校由于师资、场地和设备的限制，难以开展高质量的美育课程。此外，部分地区在美育的资源分配上存在不均衡现象，城乡之间、地区之间存在较大差异，这些问题都需要我们予以关注和解决。

为了充分发挥美育的重要作用，需要提高全社会对美育重要性的认识，加大投入力度，创新教育方式，并加强美育与其他教育领域的融合。政府和教育部门应制定相关政策，增加对美育的资金投入，改善美育的教学条件，为师生提供更多的培训和交流机会。同时，学校应探索更多样化的美育方式，将艺术教育贯穿各个学科，提高学生的整体素养。

美育在培养人的审美能力和创造力、传承与创新社会文化方面发挥着举足轻重的作用。我们需要全面协调可持续地推动美育事业的发展，以更好地促进个体全面发展和社会文化进步。通过全社会的共同努力，让美育成为每个人生活的一部分，从而培养出更多具有审美情趣和创造力的人才，为社会文化的繁荣作出更大的贡献。在这个过程中，不仅需要教育工作者的不懈努力，更需要社会各界的共同参与和支持。

三、美育与多元文化的融合

（一）多元文化背景下的美育挑战与机遇

在全球化推动下，多元文化交流融合成为社会发展趋势，对美育工作提出新挑战与机遇。美育是培养学生审美能力、创造力和文化素养的重要途径，在多元文化背景下实施美育至关重要。

多元文化使美育更复杂。不同文化的美的标准和审美观念各异，要求美育工作者尊重文化差异，构建符合多元文化特征的美育体系。同时，多元文化交融导致价值观冲突，美育需引导学生正确理解和欣赏不同文化的美学价值，避免文化偏见。此外，美育工作者需不断更新知识储备，跟上全球化时代文化现象和审美观念的变化。

多元文化也为美育带来机遇。多元文化交流为美育提供了广阔的资源平台，世界各地的文化遗产和艺术瑰宝为美育提供丰富的素材，激发学生的审美兴趣和探索欲望，培养文化包容性和国际视野。同时，多元文化环境推动美育国际化发展，通过国际交流与合作，提升美育水平，促进文化和谐共处。

面对挑战与机遇，应以开放、严谨和创新的态度探索美育新路径。构建符合多元文化特征的美育体系，加强跨文化交流与合作，提升美育工作者专业素养，把握全球化时代的美育发展机遇，培养具有文化底蕴和创新精神的复合型人才。多元文化背景下的美育既面临挑战也蕴含机遇，需积极应对，充分发挥多元文化在美育中的积极作用，培养出更加全面发展的人才。

（二）美育在促进文化多样性中的贡献

美育，作为提升个体审美与创造力的教育方式，在多元文化时代尤显重要。它不仅关乎艺术修养，更对文化多样性的促进有深远影响。美育通过引导欣赏多样化艺术作品，拓宽个体文化视野。学生能在课堂上感受世界各地的艺术形式，打破固有文化认知，以更开放的心态理解不同文化，这是文化交流与融合的基础。

美育对培养创造力与想象力至关重要，为文化创新提供动力。受美育熏陶的人能独立思考、自由表达，结合文化背景与审美经验，创作出富有新意的艺术作品，丰富文化内涵。美育还培养新时代青年的文化自觉与自信。青年学子通过美育教育，成长为具有深厚艺术素养的文化传承者，坚守并弘扬本民族文化，同时接纳与借鉴其他文化，推动文化交流与融合。

美育与多元文化的融合面临挑战与机遇。需要不断创新美育思路与方法，以适应不同文化背景的学生需求。同时，美育需与其他教育领域紧密合作，共同探索全面发展人才的培养途径。为充分发挥美育在促进文化多样性中的贡献，需形成全方位、多层次的美育体系。政府、学校、家庭和社会都需承担责任，共同推动美育发展。

美育在多元文化中的贡献是全方位的，它通过艺术作品欣赏拓宽文化视野，培养创造力，推动文化创新，并培养青年文化自觉与自信。面对多元文化挑战，我们应深入挖掘美育潜力，推动社会和谐与进步。期待美育在多元文化土壤中更加茁壮成长，绽放光彩。

第七节　总　结

美育，作为一种涵盖多种艺术形式与文化元素的教育方式，自古以来就承载着重要的社会功能。它不仅是教育的一种手段，更是人类追求美、实现个体全面发展的有效途径。美育通过丰富多样的艺术表现形式，使得个体在审美体验中不断成长，形成对美的深刻认知，同时点燃创造力的火花。这种教育方式既涵盖了审美能力的培养，也关乎个体的创新精神与人文关怀。艺术作为美育的重要载体，具有极强的情感传递能力。人们通过艺术作品不仅能体验到美的丰富性，还能在情感层面与艺术家进行深刻的交流。无论是绘画、音乐、舞蹈还是戏剧，艺术的普适性使之成为各国文化的重要组成部分，触动心灵深处。它能唤醒并加强感知和想象力，打开通往广阔审美世界的大门。尤其是在当今高度信息化与全球化的时代，通过艺术作品的情感共鸣，可以跨越语言与文化的障碍，形成独特的审美观念与品味，进而丰富人们的艺术体验。美育的独特魅力在于它不局限于单一维度的艺术表现，而是致力于个体综合素质的多维度

培养。在美育过程中,个体不仅锤炼了审美鉴赏能力,更培育了创新思维和人文关怀精神。这种全方位的发展使人们能够从容应对纷繁复杂的社会挑战,实现个人价值。美育强调对文化与艺术的深刻理解,让人们能够在欣赏美的同时也能创造美,从而达到生活品质和精神世界的双重提升。美育与德育和智育相辅相成,共同构成完整的教育体系。艺术作品中丰富的情感与道德寓意对个体道德品质的塑造起到潜移默化的作用。例如,人们通过对古典文学和艺术作品的学习,可以从中体会到深厚的文化底蕴和人文精神,这对于道德品质的培养具有深远的影响。此外,美育所倡导的艺术思维与创新精神,对智力发展的支持同样不可忽视。观察力、想象力和创造力的培养,使人们在面对问题时能够以更广阔的视野和独特的思维方式进行解决,这不仅提升了个体的智力水平,也为社会的创新发展贡献了力量。

在社会层面上,美育作为推动文明进步的重要动力,提升了整体生活品质,丰富了人们的精神世界。现代社会对美育的重视体现在教育体系的各个层面,学校将美育纳入课程体系,提供丰富的学习资源和实践机会。通过这些教育手段,培养了学生的审美情趣和创造力,塑造了他们的人格和社会责任感。例如,通过美术课、音乐课和戏剧表演,学生不仅能掌握基本的艺术技能,更能在创作中体会到合作与分享的乐趣,形成良好的团队精神和社会互动能力。美育的实施需要长期的努力和不断的创新。不仅要在课程设计上注重理论与实践的结合,更要打破传统教育的框架,将美育融入日常生活中,使人们能够亲身体验美的魅力。美育教育模式的创新,要求教师具备较高的专业素养和创新能力。因此,加强美育师资队伍建设,培养优秀的美育教师是推动美育发展的重要途径之一。美育教师不仅要具备扎实的专业知识,还要有强烈的教育情怀和创新精神,能够引导学生在艺术的海洋中自由遨游。倡导全社会参与美育事业,为人们提供接触和了解艺术的机会也至关重要。学校、家庭和社会各界应共同努力,营造一个浓厚的艺术氛围,使美育不再只是少数人的特权,而成为大众的普遍体验。例如,文化机构和社区可以通过举办艺术展览、音乐会和文化讲座等活动,让大众在轻松愉快的氛围中体验艺术之美。这种全民参与的美育实践,不仅能够提升整体社会的文化素养,还能为社会的稳定与和谐注入新的活力。

第一章 美育的理论基础

美育是个体全面发展的重要支柱，它通过艺术与文化的熏陶，培养人的审美情趣、创造力和道德品质，进而推动社会文明的进步。在现代社会，我们应充分认识到美育的重要性，积极探索其理论与实践的发展，为构建一个更加和谐、更加美好的社会贡献力量。美育不仅是教育的一个方面，更是一种生活态度和价值追求，它带给人们的不仅是技能的提升，还有心灵的净化和精神的升华。通过美育，我们能够看到更美好的世界，创造更加美好的未来。

第二章 协同育人的理念与实践

第一节 协同育人的内涵

"协同育人"这一深邃的教育理念,正被越来越多的教育者和家长推崇。它凸显了教育过程中各环节与各层面间紧密合作的重要性。所谓"协同",即各方齐心协力,形成和谐教育网络。在复杂多变的社会环境下,这种教育理念关乎学生的全面成长与社会的进步。我们所处的时代信息爆炸、知识迅速更新,孤立的教育模式已难适应,协同育人应运而生,强调家庭、学校、社会的有机结合,形成教育合力,提供更全面、多元的教育资源,促进学生的全面发展。

家庭是孩子成长的摇篮,父母的言传身教影响深远。在协同育人中,家庭应发挥基础性作用,营造良好氛围,培养孩子的基础素养。学校则是知识传授的殿堂,应提供个性化教学,引导学生挖掘潜能,为未来发展奠定基础。社会是广阔实践平台,应提供安全健康的实践环境和机会,帮助学生将知识转化为能力。

在协同育人的实践中,家庭、学校、社会需明确各自职责,形成良性互动。家庭与学校保持密切联系;学校利用资源优势提供高质量教育,并积极与社会合作;社会承担教育责任,为青少年提供实践机会。

协同育人的目标是培养全面发展的个体,包括知识积累、技能提升、情感态度、价值观和社会责任感。这需要家庭、学校、社会共同努力,全方位培养。随着社会发展,未来对人才要求更全面,协同育人强调的全面发展理念将培养出适

第二章 协同育人的理念与实践

应社会的优秀人才，推动社会进步。协同育人不仅是教育理念，更是切实可行的实践。它要求各方紧密合作，创造最佳教育环境。在这个挑战与机遇并存的时代，让我们深入理解和践行协同育人，共同培养优秀人才，为社会繁荣贡献力量。

教育不仅是传授知识，更是塑造人生观、价值观的过程。协同育人理念强调的全面发展，正是为了让学生在知识、技能、情感态度等各方面都能得到充分的培养和提升。这样培养出来的人才，不仅能在社会上立足，更能成为推动社会进步的重要力量。因此，我们应该深入理解和践行协同育人理念，为学生的全面发展创造更好的条件和环境。

一、协同育人的定义与核心

协同育人是一个深刻融合了时代发展与教育进步的理念。从字面意义上来详细解读，它强调的是不同教育主体，包括家庭、学校、社会等各个层面，在共同培育人才的过程中能够形成一股紧密无间、相互协作的强大力量。这种协作远远超出了简单的组合或叠加的范畴，它代表的是一种深层次、全方位的融合与发展。

无论是家庭、学校还是社会，每一个教育主体都拥有自身独特的教育资源和优势。而协同育人的理念正是倡导这些主体之间打破传统壁垒，进行资源的共享与优势的互补。通过这样一种全新的合作模式，各方能够共同为受教育者的全面发展提供更为坚实而有力的支撑。这一理念的提出，不仅是对传统教育模式的一次深刻反思，更可以被视为一场划时代的变革。在过去的教育生态中不难发现，家庭、学校、社会等教育主体往往是孤军奋战，各自为营，缺乏有效的沟通与协作，导致教育资源的利用常常出现碎片化、低效化的现象。这种孤立无援的状态不仅限制了教育资源的充分发挥和最大化利用，更在一定程度上影响了教育效果的整体提升。协同育人的出现恰恰为打破这种局面提供了一种全新的可能。它以一种更加开放、包容的姿态将原本各自为战的教育主体有机地联结在一起，形成一个紧密协作、共同进退的教育共同体。在这个共同体中，每一个成员都能够充分发挥自身的专长和优势，通过深度的合作与交流，共同致力于构建一个更加完善、高效、充满活力的教育体系。

协同育人的核心无疑在于"协同"二字。然而,这里所说的"协同"并非表面上的简单合作或形式上的协助,而是指各方力量之间能够真正达到一种深入骨髓的紧密配合与无缝衔接。这种协同要求每一个教育主体都能够站在更高的角度,充分认识到自身在整个教育体系中所扮演的重要角色,明确自身所肩负的崇高职责与光荣使命。基于这样的认识,各教育主体需要更加积极地寻求与其他主体的合作契机,不断拓展合作的广度和深度。他们可以通过资源共享,将各自独特且丰富的教育资源进行有机整合,从而为受教育者提供更为广阔的学习空间和发展平台。同时,通过经验交流,各方可以相互借鉴、取长补短,在教育的道路上共同进步。而通过活动共筹,则可以设计更多具有创新性和实践性的教育活动,让受教育者在亲身参与的过程中得到更为全面和深入的培养与提升。实现这种协同育人的理念,首先需要从根本上改变对教育的传统认知,真正建立起一个全方位、多层次、立体化的教育体系。这个体系应该是一个涵盖了受教育者成长各个方面的综合系统,它不仅要关注知识的传授和能力的培养,更要注重品德的塑造和情感的熏陶。

在这个宏大的教育体系中,家庭、学校、社会等各方力量都扮演着举足轻重的角色。家庭作为孩子成长的摇篮和避风港,其重要性不言而喻。家长需要时刻关注孩子的身心发展,与他们保持密切的沟通交流,努力营造一个温馨和谐、充满爱与关怀的家庭环境。同时,家长还需要与学校保持紧密的联系,及时了解孩子在校的学习与生活情况,积极配合学校做好各项教育工作,从而形成家校共育的良好氛围。

学校作为专门的教育机构,更是肩负着系统传授知识、全面培养能力、塑造学生品格的崇高使命。在教育教学的过程中,学校需要不断创新教育理念,探索更为科学有效的教学方法,努力提高教学质量和效果,让每一个学生都能在学校得到全面而有个性的发展。同时,学校还需要积极与社会各界开展广泛而深入的合作,为学生提供更为丰富的实践机会和更为广阔的拓展空间,帮助他们更好地适应未来社会的挑战,成长为社会的栋梁之材。社会作为一个更加广阔且复杂的教育舞台,同样需要为受教育者的全面发展提供更为多元和优质的资源和机会。社会各界可以通过举办各种形式多样的公益活动、文化讲座、实践项目等,为青少年提供展示自我、锻炼能力、实现价值的宝贵平台。同时，整个社会还需要共同努力，营造良好的教育氛围和文化环境，引导青少年树立正确的人生观和价值观，为他们的健康成长保驾护航。总而言之，协同育人是一个宏大且深远的教育理念，它以其独特的视角和全新的思路为我们描绘了一幅家庭、学校、社会等多方力量紧密合作、共同培育人才的壮美蓝图。只有当我们真正实现了这种协同育人的模式，才能够培养出更多德才兼备、全面发展的优秀人才，为社会的进步与繁荣注入源源不断的动力。

因此，让我们携手并进，共同努力，将协同育人的理念转化为实实在在的行动。通过我们每一个人的付出与坚持，共同为构建更加和谐、高效、充满活力的教育新生态贡献出自己的力量与智慧。

二、协同育人的重要性

"协同育人"这一教育理念在近年来受到越来越广泛的关注和重视。它之所以能够成为教育领域的热点话题，主要源于它在培养全面发展人才方面所展现出的显著优势和巨大潜力。在当今知识爆炸、信息飞速更新的时代，传统的单一教育模式已经难以满足社会对多元化、复合型人才的需求，而协同育人则以其独特的理念和实践方式为教育事业的发展注入了新的活力。

首先，协同育人的显著特点之一就是能够高效地整合各方资源。在传统的教育模式下，学校、家庭、社会等教育主体往往各自为战，资源之间缺乏有效的整合和共享。这不仅导致了教育资源的浪费，也在一定程度上限制了受教育者的全面发展。而协同育人则打破了这一壁垒，通过学校与家庭、学校与社区、学校与企业等多方面的深度合作，实现了教育资源的优化配置和共享利用。这种资源整合的方式为受教育者提供了更为丰富多样的教育内容和形式，从而有力地拓宽了他们的知识视野。在协同育人的实践中我们可以看到，这种教育模式不仅注重知识的传授，更重视能力的培养和素质的提升。通过多样化的教育活动和实践项目，协同育人为受教育者提供了广阔的舞台，让他们在实践中锻炼自己、提升自己。这种以实践为导向的教育方式，不仅有助于培养受教育者的实际操作能力，还能激发他们的创新思维和解决问题的能力，从而为其未来的职业生涯奠定坚实

的基础。

其次，协同育人强调各教育主体之间的沟通与协作，这也是其独特优势的重要体现。在传统的教育模式下，各教育主体之间往往缺乏有效的沟通和协作机制，导致教育理念和目标难以统一。这不仅影响了教育效果的整体性，也可能给受教育者的成长带来困扰和迷惘。而协同育人则通过建立定期的交流平台、制订共同的教育计划等方式，促进了各教育主体之间的紧密合作和无缝对接。这种沟通与协作的强化使得各教育主体能够形成统一的教育理念和目标，从而确保教育过程的连贯性和一致性。在协同育人的框架下，学校、家庭、社会等各方力量共同发力，形成教育合力，为受教育者的全面发展提供有力的支撑。这种一致性和连贯性的提升，不仅避免了因教育主体间的差异而造成的教育断层或重复劳动，还能让受教育者在更加和谐、有序的教育环境中茁壮成长。

最后，协同育人能够激发各教育主体的积极性和创造性，这一优势同样不容忽视。在传统的教育模式下，教师、家长等教育主体可能因缺乏参与感和归属感而难以全身心投入教育事业。而协同育人则通过明确各方的责任与权利、建立有效的激励机制等方式，充分调动了各教育主体的积极性和创造性。在协同育人的氛围中，教师不再只是知识的传授者，更成为学生成长路上的引路人和伙伴；家长也不再只是教育的旁观者，而是积极参与孩子的教育过程，成为学校教育的有力补充。这种全员参与、共同发力的教育模式，不仅有利于形成共同为受教育者发展而努力的良好氛围，还能在更大程度上激发受教育者的自主意识和创新精神。在这种充满活力和创造力的教育环境中，受教育者将更加自信、自立、自强，不断在全面发展的道路上奋勇前行。

协同育人在培养全面发展人才方面所具有的独特优势不言而喻。通过整合各方资源、强化沟通与协作、激发积极性和创造性等多方面的努力，协同育人不仅为受教育者提供了更加优质、高效的教育服务，还为整个社会的进步与发展注入了源源不断的动力。我们有理由相信，在未来的日子里，协同育人将继续发挥其独特的魅力和价值，为培养出更多优秀人才、推动社会文明进步作出更加卓越的贡献。

三、协同育人的实践路径

在当今社会，教育的形式与内涵正在发生深刻的变化。协同育人作为一种新型的教育理念，已逐渐成为教育改革的重要方向。它强调家庭、学校和社会等多元教育主体之间的紧密合作与互动，共同为受教育者的全面发展提供有力支持。要实现这一宏伟目标，我们需要从多个维度出发，进行细致而深入的探索与实践。

（一）建立有效的沟通机制

建立有效的沟通机制不仅是协同育人的基础，更是提升教育整体质量和效率的关键环节。在现代社会中，教育已不再是单一主体的任务，而是需要家庭、学校和社会三方共同参与、紧密合作的系统工程。因此，创建一个高效、顺畅的沟通机制，对于实现教育目标、优化教育资源配置、提升教育效果具有重要意义。

家庭、学校和社会各自承担的教育职责和资源存在差异，但互为补充，形成了完整的教育闭环。家庭作为孩子的第一个教育环境，不仅为孩子提供基础的生活指导，还为孩子塑造价值观念和心理素质。学校在学术知识传授和人文素养培育方面起着核心作用，它的教育方针和教学方法直接影响学生的学业成绩和综合能力。此外，社会是孩子接触多元文化、实践社会技能的重要场所，可以提供丰富的实践机会和资源支持。因此，只有家庭、学校和社会各方协调一致、相互支持，才能真正实现教育的全面覆盖和深度融合。

引入现代科技手段是实现高效沟通的重要途径。利用信息技术，教育主体之间可以进行更加频繁和深入的交流。例如：家校互动平台可以使家长和教师实时分享学生的学习进展和日常表现，及时交流教育方法和经验；在线教育工具则可以帮助家长更方便地参与孩子的家庭作业辅导和学术讨论。同时，通过定期的远程家长会，学校可以广泛听取家长的意见和建议，了解家庭对教育的期望和需求，进一步调整和完善教育方案。此外，社会各界的意见和反馈也可以通过在线渠道迅速传达到教育部门，为教育政策的制定和调整提供宝贵的依据。

有效的沟通机制不仅是信息交流的桥梁，更是解决教育问题的平台。在教育过程中，学生的学习困惑、家庭的教育迷惘、社会对教育成果的期待与担忧等问题，往往需要多方共同探讨和协商解决。例如：当学生在某一科目上表现不佳时，

教师可以通过与家长沟通，了解学生在家庭中的学习习惯和生活状态，从而有针对性地进行辅导和调整教学方法；家庭面对教育困惑时，可以通过与学校和其他家长的交流，获取更多的教育经验和建议，提升家庭教育的效果；社会对于教育的各种期待和意见，也可以通过反馈渠道，促进教育综合改革和政策优化。

这种多方沟通机制不仅能及时发现和解决教育中的问题，还能增加各教育主体之间的信任和理解。通过频繁的交流和协作，家庭、学校和社会可以增进相互了解，形成教育共识，共同应对教育挑战，为学生的成长和发展创造更加有利的环境。建立高效、顺畅的沟通机制是实现协同育人的关键一步。通过现代技术的助力和多方参与的努力，可以构建更加和谐、互信、合作的教育生态，为每一个学生的全面发展提供坚实的保障。

（二）充分发挥各教育主体的资源优势

除了沟通之外，协同育人的另一个关键在于各教育主体能够充分发挥自身的资源优势。学校作为教育体系的核心，拥有丰富的教学资源和专业的师资力量，这是其他教育主体所难以比拟的独特优势。在此基础上，学校可以进一步拓宽其教育边界，积极引入更多的社会资源。比如，邀请专家学者、行业领军人物以及成功企业家等社会专业人士走进课堂，与学生进行面对面的交流和互动。这些社会人士可能来自各行各业，他们的经验和见解不仅能够为学生打开一扇扇通往外部世界的窗户，还能够极大地丰富教学内容和形式，为学生带来多角度、多层次的认知和思维训练。

学校也可以积极组织和参与各种校外实践活动，如参观工厂、实验室以及科研机构等。这些实践活动不仅能够激发学生的兴趣，还能让他们更好地理解课本知识与现实生活的紧密联系，从而提升学习的主动性和积极性。家庭则是孩子成长的第一课堂，家长的一言一行都对孩子产生着深远的影响。在家庭中，家长可以充分利用日常生活中的各种教育资源，如阅读、旅行、家庭讨论等，来培养孩子的批判性思维、情感表达能力以及生活技能。家庭教育的一个重要优势在于其亲密和连续性。家长可以通过与孩子一起阅读经典书籍，讨论社会热点话题，或者共同制订旅行计划，来培养孩子各方面的能力。另外，家庭中的一些实用技能，如烹饪、理财、家务管理等，也能在潜移默化中提升孩子的自主能力和生活技能。

这些能力往往在家庭环境中能得到更为自然和全面的培养。社会作为一个更为广阔的教育舞台，其资源更是层出不穷。博物馆、图书馆、社区服务中心等公共机构，以及各种社会实践活动，都能为受教育者提供丰富的学习体验和成长机会。比如，博物馆的展览不仅展示了历史的厚重与科技的先进，还能让学生领略到文化的多样性和深刻性。图书馆则是知识的海洋，学生可以在这里自由探索、阅读和研究，培养独立思考和自主学习的能力。社区服务中心则能通过各种志愿活动，让学生了解公益和服务他人的价值，培养他们的社会责任感。

通过参与这些社会活动，学生不仅能够将所学知识应用于实际，还能在与他人合作与竞争的过程中锻炼自己的团队协作能力和社会责任感。另外，各种社会实践活动，如环保行动、小型科研项目甚至是创业项目等，也为学生提供了广阔的实践平台，使他们能够在真实的社会情境中磨炼自我，提升综合素质，这种体验是课堂教学所无法完全替代的。只有各教育主体学校、家庭和社会充分发挥各自的资源优势，并紧密协同，才能为学生提供全面而均衡的教育，使他们在知识、能力和素质各个方面得到充分的发展。只有这样，才能真正实现"协同育人"的目标，培养出具有全面素质的新时代人才。

（三）共同构建教育评价体系

协同育人还要求各教育主体能够共同参与教育评价体系的构建。传统的教育评价往往以学校考试成绩为唯一标准，这种单一的评价方式已经越来越难以适应现代社会对人才的多元化需求。因此，需要构建一个更为全面、客观、科学的评价体系，以更准确地衡量受教育者的成长与发展。

在这个新的评价体系中，除了学业成绩外，还应包括学生的创新能力、实践能力、团队协作能力等多个方面。同时，评价的主体也应从单一的教师评价扩展到学生自评、互评以及家长和社会评价等多元化评价方式。这样，每个学生都能在多维度的评价中找到自己的定位和发展方向，也更能激发他们自我提升的内在动力。

家庭、学校和社会在构建这一评价体系过程中应各司其职，形成合力。学校可以提供专业的评价工具和方法指导，家庭则可以从日常生活的点滴中观察孩子的成长变化并给予及时反馈，社会则可以通过各种实践活动来检验学生的实际应

用能力和社会适应能力。三方共同努力，必将推动教育评价朝更为科学化、人性化的方向发展。

协同育人是一项系统工程，它要求家庭、学校和社会在多个层面进行深入的探索与实践。通过建立有效的沟通机制、充分发挥各教育主体的资源优势以及共同构建科学全面的教育评价体系，能够为受教育者的全面发展创造更为有利的环境和条件。这不仅是教育改革的必然趋势，也是社会进步的重要体现。

四、协同育人的未来展望

随着社会的持续进步和教育改革的不断深化，"协同育人"这一教育理念正逐渐显现出其巨大的潜力和广阔的发展前景。我们站在新时代的门槛上，可以清晰地预见到，未来协同育人将成为教育领域中的一股强大力量，引领着教育模式的创新与变革。

协同育人，顾名思义，强调的是各教育主体之间的协同合作，共同肩负起培养人才的重任。在未来的教育实践中，我们期待看到更多的教育机构、企业、社区以及家庭等多元化教育主体积极参与协同育人的事业。这些主体将各自的教育资源、专业知识和实践经验汇聚在一起，形成强大的教育合力，共同探索和创新教育的方式方法。同时，随着科技的飞速进步，特别是大数据、人工智能等前沿技术的迅猛发展，协同育人将获得前所未有的技术支持。这些先进技术能够帮助教育者更加精准地分析学习者的学习需求和学习特点，实现教育资源的个性化配置。通过智能化的教学平台和工具，教育者可以为每一个受教育者提供定制化的学习方案，从而在最大限度上满足他们的个性化发展需求。不仅如此，大数据和人工智能等技术还能帮助教育者及时捕捉和反馈教学效果，以便他们根据实际情况调整教学策略，持续提升教学质量。这将使得协同育人的过程更加科学、高效，有力地推动教育质量的整体提升。

在协同育人的大背景下，每一个受教育者都将得到更为全面和深入的培养。他们不仅能够在多元化的教育环境中汲取丰富的知识营养，还能够在各种实践活动中锤炼自己的实践能力和创新精神。这样的教育模式将培养出更多既拥有扎实知识基础又具备开拓创新能力的高素质人才，为社会的繁荣与进步注入源源不断的活力。值得一提的是，协同育人不仅是对传统教育模式的革新，更是对整个教育生态的重塑。它打破了教育主体之间的壁垒，促进了教育资源的共享和优化配置，构建了更加开放、包容、和谐的教育环境。这种全新的教育理念和实践模式正以其独特的魅力和强大的生命力影响着每一个与教育息息相关的角落。当然，协同育人的未来之路并非坦途，它需要克服诸多挑战，如教育资源的不均衡分布、教育主体的差异化需求、技术应用的融合难题等。但正是这些挑战才激发了我们不断探索和进取的动力。我们坚信，在各方教育主体的共同努力下，协同育人将不断走向深入和完善，为培养新时代的高素质人才奠定更为坚实的基础。

协同育人作为新时代的教育理念和实践模式，正以其广阔的视野和深远的影响力引领着教育的发展潮流。我们期待着在不久的将来，协同育人能够在更广泛的领域得到实践和应用，为社会的全面进步和人类的持续发展贡献出更加璀璨的智慧之光。

第二节　协同育人的特点

在新时期，教育事业正面临变革，传统教育模式已无法满足社会对多元化人才的需求，协同育人理念应运而生，受到广泛关注。协同育人强调家庭、学校、社会等多方共同参与教育，通过协作、优势互补，促进学生全面发展。此模式打破传统界限，整合各方资源，为学生提供更广阔、多元的学习平台，助其培养独立思考、创新实践能力，为未来社会挑战做好准备。

协同育人的重要性显著。它弥补了传统教育仅依赖学校的不足，引入多方主体，优化教育资源配置；同时，利于学生全面发展，在多元环境中提供更多学习资源和实践机会。此外，协同育人还能推动教育创新，各方主体的参与将激发更多教育理念和方法上的创新。其核心特点包括多元性、互动性和整体性。多元性指协同育人融合了不同领域和层面的教育资源，构建丰富的教育生态系统，满足学生个性化需求。互动性强调各方在教育过程中的积极互动，不仅共享资源，还

相互借鉴融合教育理念和方法。整体性则是将各教育主体有机结合，形成统一的教育整体，共同支持学生全面发展。

协同育人是教育改革的重要方向，可弥补传统教育缺陷，促进学生全面发展和推动教育创新。其核心特点提供了全新的教育视角和实践模式。展望未来，随着协同育人理念的普及和实践的深入，新时代的教育将迎来更美好的明天。我们将携手各方，共同致力于培养新时代的全面发展人才。

协同育人代表了新时代教育的趋势，它通过整合多元教育资源，形成互动融合的教育环境，从而更有效地促进学生的全面发展。面对未来，我们应积极拥抱这一变革，共同探索和实践协同育人的理念，为新时代的教育事业贡献力量。

一、多元性

在当今社会，教育的多元性已成为推动教育发展的重要动力之一。教育资源的多元性不仅体现在多领域、多层面的汇聚上，更展现在教育形式的多样化与内容的丰富性上。这种多元性的发展极大地满足了学生个性化的学习需求，为培养全面发展的人才奠定了坚实基础。

（一）教育资源的多元汇聚

随着科技的进步和社会的发展，教育资源正以前所未有的速度在多领域、多层面进行汇聚。传统的教育资源，如课本、图书馆藏书等已经不再是唯一的学习途径。互联网、多媒体技术以及各类教育平台的兴起，使得学生可以轻松地接触到国内外各领域的优质教育资源。例如，通过网络课程，学生可以学习到世界顶尖大学的课程内容，与国内外专家进行在线交流。同时，各类专业网站、论坛等也为学生提供了丰富的学习资料和经验分享。这些资源的汇聚打破了地域和时间的限制，让学生在任何时间、任何地点都能进行高效学习。

（二）教育形式的多样化与内容的丰富性

教育资源的多元汇聚为教育形式的多样化和内容的丰富性提供了有力支撑。如今，教育形式已经远远超出了传统的课堂教学范畴。在线教育、混合式学习、项目式学习等新兴教育形式层出不穷，为学生提供了更多的学习选择。在线教育可以让学生根据自己的时间和节奏进行学习，实现个性化学习路径的定制。混合式学习则结合了线上与线下的教学优势，使学生在获取知识的同时，也能培养团队协作和沟通能力。而项目式学习则通过实际操作和问题解决，让学生在实践中掌握知识和技能，培养创新思维和解决问题的能力。在内容方面，教育的多元性也带来了极大的丰富性。除了基础学科知识外，学生还可以接触到艺术、科技、社会人文等多个领域的内容。这些内容的融入不仅拓宽了学生的知识视野，也激发了他们的学习兴趣和热情。

（三）满足学生个性化的学习需求

教育资源的多元性和教育形式的多样化，共同作用于满足学生个性化的学习需求。每个学生都是独一无二的个体，他们有着不同的学习兴趣、学习方式和发展潜力。在多元性的教育环境下，学生可以根据自己的特点和需求选择最适合自己的学习资源和学习路径。例如：对某一领域有浓厚兴趣的学生，可以通过深入学习相关领域的专业课程，满足自己的求知欲和探索欲；学习基础相对薄弱的学生，则可以通过选择适合自己的辅导资源和学习节奏，逐步提升自己的学习能力。这种个性化的学习模式不仅有助于提高学生的学习效果，更能培养他们的自主学习能力和终身学习的意识。

教育资源的多元性通过多领域、多层面的汇聚，以及教育形式的多样化与内容的丰富性，为学生提供了前所未有的学习机会和选择空间。这种多元性的教育环境不仅满足了学生个性化的学习需求，也为培养具有创新精神和实践能力的新时代人才创造了有利条件。未来，随着科技的持续进步和教育理念的不断更新，我们有理由相信，教育的多元性将更加深入地渗透到每一个角落，为每一个学生的成长和发展注入源源不断的动力。

二、互动性

协同育人是新时代教育发展的重要趋势，它强调多方力量的共同参与和紧密合作，以实现教育的高效与优质。在协同育人的过程中，互动性成为其不可或缺的核心要素。下面通过深入探讨协同育人各方力量的积极互动、教育资源的共享与互通、教育理念与教育方法的相互借鉴与融合三个方面，来阐述互动性在协同

育人中的重要作用,并为相关教育实践提供理论支撑与参考。

随着社会的快速发展和教育改革的不断深化,协同育人作为一种全新的教育理念和教育模式,正逐渐受到广泛的关注与认可。协同育人强调学校、家庭、社会等多方力量的有机结合,通过共同参与、互相支持,形成教育合力,以促进学生的全面发展。在这一过程中互动性扮演着至关重要的角色。

(一) 协同育人各方力量的积极互动

互动性指的是在协同育人过程中,各参与方之间进行的积极、双向的交流与沟通。这种互动不仅体现在形式上的你来我往,更包含深层次的思想碰撞与经验共享。通过互动,各方能够及时了解彼此的需求与期望,有效消除信息壁垒,增强教育的针对性和实效性。

学校与家庭是学生成长的两大重要环境,两者之间的紧密互动对学生的健康成长至关重要。学校应定期举办家长会,与家长面对面交流,共同商讨孩子的教育问题。同时,利用现代信息技术手段,如家长微信群、校讯通等,保持与家长的日常沟通,及时反馈学生的学习与生活情况,引导家长正确参与孩子的教育过程。

学校作为社会的缩影,与社会的联系千丝万缕。学校应积极寻求与社区、企事业单位等社会资源的合作,共同搭建学生实践平台,提供丰富的校外教育活动。同时,学校还应邀请社会各界人士走进校园,开展讲座、辅导等形式的交流活动,让学生近距离接触社会,增长见识。

(二) 教育资源的共享与互通

在协同育人的大背景下,教育资源的共享显得尤为重要。通过共享,可以最大限度地发挥资源的效用,避免资源的闲置与浪费。同时,资源的共享还有助于促进教育公平,让更多的孩子享受到优质的教育资源。

不同学校之间在师资力量、教学设施、课程设置等方面往往存在差异,通过校际的资源共享,可以实现优势互补,共同提升教育水平。例如,可以建立校际联盟,开展联合教研、师资互派等活动,促进教育资源的有效流动。

学校应充分利用社会资源,为教育教学服务。例如:与博物馆、图书馆等公共文化机构合作,为学生提供更为广阔的学习空间;与科研机构、高新技术企业等合作，引进先进的科技成果，丰富学校的教学内容与手段。

（三）教育理念与教育方法的相互借鉴与融合

教育理念是教育活动的灵魂，它决定着教育的方向与目标。在协同育人的过程中，各参与方背景、经历等方面的差异，可能形成各自独特的教育理念，通过相互借鉴，可以取长补短，共同完善教育理念体系。

教育方法是实现教育目标的重要手段。在协同育人的实践中，各方应打破传统方法的束缚，积极探索创新性的教育方法。通过方法的融合，可以形成更加符合学生发展规律的教育模式，提高教育的质量与效率。

协同育人过程中的互动性、资源共享与理念方法的借鉴融合是相辅相成的有机整体。它们共同作用于学生的成长过程，为学生的全面发展提供了有力的支撑。未来，我们应继续深化对协同育人理念的研究与实践，不断探索更加科学、有效的育人模式，为培养新时代的高素质人才贡献智慧与力量。

三、整体性

在当今社会，教育的重要性日益凸显。随着时代的进步和科技的发展，传统单一的教育模式已经难以满足学生全面发展的需求。因此，家庭、学校、社会等教育主体必须有机结合，形成统一和谐的教育整体，共同承担起培养新时代人才的重任。这种协同育人的模式不仅有助于提高学生的综合素质，还能够促进教育公平与社会和谐，其综合效果与未来展望值得我们深入探讨。

（一）协同育人的核心理念

这一理念强调各教育主体之间的平等性、互补性和协同性，打破了传统教育中家庭、学校、社会相互割裂的局面，使得教育资源得以更加合理高效的配置。

（二）家庭、学校、社会的角色定位

在协同育人的体系中，家庭、学校和社会各自扮演着不同的角色。家庭是孩子成长的摇篮，家长在孩子的情感培养、品德塑造和习惯养成等方面发挥着至关重要的作用。学校则是系统传授知识的场所，承担着培养学生学术能力、社交技能和创新精神的任务。而社会则为学生提供了广阔的实践平台，通过实习、志愿服务、社会调查等活动，帮助学生了解国情社情，增强社会责任感。

（三）教育主体的有机结合与共同作用

要实现协同育人，家庭、学校和社会必须形成紧密的联系网络。具体而言，可以通过定期的家长会、家校互动平台等方式，加强家庭与学校之间的沟通与协作；学校则可以通过开展社会实践课程、邀请社会人士进校园讲座等形式，拉近学生与社会的距离。同时，各教育主体还应共同制定教育目标、策划教育活动，确保教育内容的连贯性和教育方法的多样性。

在这种有机结合的模式下，家庭、学校和社会共同作用于学生的成长过程。家庭为孩子提供情感支持和行为规范，学校为孩子提供知识技能和社交机会，社会则为孩子提供实践舞台和人生导航。三者相辅相成，共同推动学生朝着全面发展的目标迈进。

（四）协同育人的综合效果

协同育人的实施带来了显著的综合效果。首先，它提高了学生的综合素质。在多元的教育环境中，学生不仅能够掌握扎实的学术知识，还能够培养良好的道德品质、审美情趣和实践能力。其次，协同育人促进了教育公平。通过整合各方资源，协同育人为不同家庭背景的学生提供了更加均等的教育机会，有助于缩小教育差距。最后，协同育人推动了社会和谐。当家庭、学校和社会形成教育合力时，能够共同培养出具备社会责任感、积极参与社会建设的公民，从而为社会的长期稳定和繁荣发展奠定基础。

第三节　协同育人在当前教育实践中的具体应用

随着时代的进步和社会的发展，教育理念不断得到更新，协同育人作为一种新兴的教育模式，在当前教育实践中展现出了强大的生命力和广阔的应用前景。协同育人强调家庭、学校、社会等多方力量的有机结合，共同参与孩子的教育过程，以实现教育的最优化和效益的最大化。下面将从多个角度深入剖析协同育人在当前教育实践中的具体应用，并探讨其未来的发展趋势。

第二章 协同育人的理念与实践

一、家校共育模式的探索与实践

在当今社会,家校共育成为教育改革的关键一环。该模式强调学校与家庭的紧密合作,为孩子创造和谐全面的教育环境,不仅提升教育质量,也推动家庭教育和学校教育的共同进步。

家长会在家校共育中扮演着重要角色,成为教师与家长双向交流的平台。教师在此反馈孩子的学习状况,介绍教育理念,而家长也可以分享教育心得,构建和谐的社交网络。家访活动则更为深入具体,让教师直观感受学生的生活状态和家庭氛围,从而更全面地了解学生,提供个性化的教育建议。家访还能解决学生在校问题,并增进家校间的信任和理解。

一些学校通过建立家长学校、家长委员会等组织,深化家校合作。家长学校提供专业的教育培训,增强家长的教育能力,而家长委员会则让家长参与学校教育的决策和管理,提升他们的参与度和影响力。家校共育模式的探索与实践有助于提升教育质量,促进家庭教育和学校教育的协同进步。这种合作模式正在更多学校得到应用,为学生的全面成长提供有力支持。

家校共育是教育改革的重要方向,它通过家长会、家访、家长学校等多种形式强化了学校与家庭之间的联系,使得双方能够共同为学生的成长提供支持。这种紧密的家校合作,不仅有助于提升学生的教育质量,更能够促进家庭教育和学校教育的和谐共荣,为新时代优秀人才的培养奠定了坚实基础。我们期待这种模式能在更多地方得到推广,共同为教育事业注入新的活力。

二、社会教育资源的整合与利用

协同育人是当代重要的教育理念,它强调家庭、学校与社会的紧密合作,共同培养学生。在这个框架下,社会教育资源显得尤为重要,为教育实践提供了有力支撑。

博物馆、图书馆和科技馆等公共文化设施已超越简单定义,成为学校教育的延伸。博物馆通过实物展示,让学生感受历史和文化的厚重。图书馆提供静谧的阅读环境和丰富的书籍,培养学生的独立思考能力。科技馆则通过生动的科技展

示，激发学生对科技的兴趣。

随着社会的进步，社会培训机构和在线教育平台也为学生提供了更多选择。它们以灵活的教学形式和多元的教学内容弥补了学校教育的不足，为学生的全面发展创造了更多可能。实现社会教育资源的有效整合，需要政府、学校、家庭和社会的共同努力。政府应加大对公共文化设施的投入，学校应积极引入社会资源，家长应鼓励孩子充分利用这些资源。政府可以投资建设更多具有教育功能的公共设施，同时提高现有设施的教育服务质量。学校可以与博物馆、图书馆等机构建立合作关系，共同设计教育项目，让学生在实际操作中学习。家长则可以带孩子参观这些设施，引导他们发现和探索新知识。

通过这些努力，可以为学生创造一个更加宽广的成长平台。社会教育资源不仅丰富了教育内容，还为学生提供了更多的学习机会和实践经验。这有助于培养学生的综合素质，提升他们的创新意识和实践能力。

协同育人理念下的社会教育资源整合是一个系统工程，需要各方共同参与和推进。通过充分发挥社会教育资源的作用，可以为学生提供更优质的教育环境，助力他们全面发展，实现教育的最终目标——培养有理想、有道德、有文化、有纪律的公民。

三、网络教育平台在协同育人中的应用与创新

随着现代信息技术的日新月异，网络教育平台已经成为协同育人领域的一个重要手段，它深度融合了家庭教育、学校教育以及社会教育的多重资源，共同助力教育的全面现代化。网络教育平台的出现，不仅是一个技术革新的标志，更是教育理念更新、教育方法革命的具象体现。

（一）网络教育平台打破时空界限

网络教育平台正逐渐改变学习方式和教育观。传统模式下，学习被限制在特定时空，但网络技术让教育打破了这些界限。

网络教育平台如桥梁，连接学生、家长和教师，是技术的革新，更是教育的深刻变革。学生可随时接入平台学习，不受时间和地点限制，提高了学习效率。这种灵活性让学生能在最舒适的状态下学习。除了时空灵活，网络教育平台还

提供丰富的资源，激发学生兴趣，培养自主学习能力。家长也能随时查看孩子学习状况，与教师沟通，让家校合作更紧密。网络教育还均衡了教育资源分布，让更多学生享受优质教育。尽管面临自律性、网络安全等挑战，但其价值和意义无法掩盖。

网络教育平台不仅带来了学习自由和便利，还推动教育创新，为构建更开放、多元的教育体系打下基础。这是一场教育革命，正在塑造未来的教育格局，让每个学生都能找到最适合自己的学习方式，深入探索知识的海洋。这一变革也对教师提出了更高的要求。他们需要适应新的教育模式，掌握在线教学的技能，以更有效地引导学生。家长也需要更新观念，支持并引导孩子合理利用网络资源，培养良好的自主学习习惯。

网络教育平台的崛起是时代发展的必然趋势，它让教育更加公平、高效，为学生的全面发展提供了更多可能。未来，随着技术的不断进步，我们有理由相信，网络教育将会更加完善，为更多学生带来优质的教育资源和学习体验。而我们也应积极探索，充分发挥网络教育的优势，为培养新时代的人才贡献力量。在这个过程中，学生、教师、家长以及社会各方都需要共同努力，推进教育的现代化进程，让每个学生都能在知识的海洋中自由遨游，实现自我价值。

（二）网络教育平台实现资源共享与优化

网络教育平台已成为当下不可或缺的学习工具，展现了强大的资源整合能力，为教育带来了无界的可能性。通过高效汇集全球优质教育资源，平台不仅实现了资源数量的累积，更在质量上实现了飞跃。

传统的教育模式常受地域和资源限制，学生接触的教育资源有限且质量不均。然而，网络教育平台的出现打破了这些束缚，使学生能轻松访问世界各地的名师精品课程，内容涵盖各教育层次和领域。网络教育平台不仅是一个资源库，更是一个互动学习社区。学生可获取丰富的知识，同时通过互动学习工具与同伴、老师实时交流讨论，提升学习的趣味性和效果。平台的资源整合能力还体现在促进教育资源均衡分布上。过去，地域、经济等因素导致教育资源分布不均，造成教育机会不平等。网络教育平台通过技术重新分配和整合优质资源，让每个学生无论身处何地都能享受高质量教育资源。平

台利用大数据和云计算技术支持资源的智能推荐和个性化配置。它能精确分析学生的学习历史、兴趣偏好和能力水平，为学生推荐最适合的学习资源和路径。这种定制化的学习体验是对传统教育模式的深刻变革，激发了学生的学习动力和创造力。

网络教育平台的资源整合能力极大地丰富了教育内容的多样性和选择性，促进了教育资源的均衡分布。通过智能推荐和个性化配置，它为每个学生打造了专属的、定制化的学习环境，使学生能找到适合自己的学习节奏和方式，不断成长，实现自我价值最大化。这是网络教育平台带给我们时代的宝贵礼物，让教育的可能性和无界性成为现实。

（三）网络教育平台推动教学模式创新

近年来，网络教育平台深刻改变了教育教学模式。翻转课堂、慕课、微课等新模式为教育注入了新活力。翻转课堂颠覆了传统教学，让学生在课前通过在线资源自主学习，课堂上则变为师生互动、答疑解惑。这提升了学生参与度，使他们从被动接受变为主动探索。教师也能更精准地指导学生。

慕课和微课则打破了时空限制，让全球优质教育资源得以共享。慕课由知名教授主讲，内容丰富，互动性强。微课则短小精悍，便于碎片化学习。这些模式让教育资源更公平高效分配。网络教育平台还在持续创新，利用大数据、AI等技术为个性化学习提供可能。通过分析学习数据，教师可为学生提供更个性化的学习方案。这些创新的背后是对教育本质的探索。教育不仅是知识传授，更关注能力培养和个性发展。新型教学模式满足了这一需求，让学习者在适合自己的方式下成长。网络教育也面临挑战，如教学质量、线上线下教学平衡、知识产权保护等。但正是这些挑战推动着网络教育的完善和发展。

从翻转课堂到慕课、微课，我们看到了教育的无限可能和广阔前景。网络教育平台让更多人接触到高质量资源，为终身学习和个性化发展提供了支撑。这场变革正深刻影响着我们的教育教学模式，让学习变得更加灵活、高效和个性化。随着技术的不断进步和教育理念的创新，我们有理由相信，未来的教育将更加开放、多元和包容，为每个人的成长和进步创造更多机会。

（四）网络教育平台在协同育人中的深层价值

网络教育平台已超越简单的教学工具角色，成为推动教育变革的引擎，通过技术创新，改变我们对教育的传统看法，引领教育进入更开放、多元、高效的新纪元。此平台打破了家庭、学校、社会的界限，构建了一个全面、多层次的教育生态系统。家长、教师、社会各界都融入这一系统，共同为学生的成长贡献力量。

家长通过平台与教师、学校紧密沟通，精准把握孩子的教育需求，并获得丰富的教育资源。教师则利用平台的数据分析，科学高效地进行教学，同时与其他教师交流，提升教学质量。网络教育平台还汇聚了社会各界资源，为学生提供课本外的学习空间和实践机会，如企业实习、文化活动、科普讲座等，培养学生的实践能力和社会责任感。它在促进教育公平方面也起到关键作用，让偏远地区的学生也能享受优质教育资源，缩小城乡教育差距。平台还有助于培养学生的自主学习能力，拓宽国际视野，提高信息安全意识。它像一个磁场，吸引各方教育力量，共同培养新时代所需的高素质人才。

网络教育平台在协同育人中展现了深远的价值。它不仅是一个教育工具，更是一个能引领教育变革、整合资源的强大枢纽。随着技术进步，它将在教育发展中扮演更重要的角色，培养更多人才，推动社会进步。

网络教育平台的力量正在于它的整合性和创新性，能够连接各方，共同为教育事业注入新的活力。未来，我们期待这一平台能继续深化其影响力，为更多学生提供优质、全面的教育服务，成为新时代教育变革的领军者。

（五）网络教育平台面临的挑战与未来发展

网络教育平台正引领全球教育革命，但背后也存在挑战。首先是网络安全，平台需确保用户数据安全，防止信息泄露，并维护稳定运行，对未成年人教育尤为重要。为此，平台应加大技术投入，建立网络安全防护，定期排查安全漏洞，提供安全可靠的学习环境。

学生自律性也是一大考验。网络教育赋予学生更多自主学习权，但要求更高自律性。平台可引入学习打卡、在线作业检查等机制，结合数据分析，提供个性化学习建议，以确保学生高效学习。教育资源的更新与优化也至关重要。网络教育需保持教育资源的时效性和先进性，投入大量人力和物力进行课程更新、教学

方法改进和技术革新,以在竞争中立足,提供高质量教育服务。克服这些挑战后,网络教育平台将迎来更广阔的发展前景。随着人工智能、虚拟现实等技术应用,网络教育将更智能化、个性化。平台可以精确分析学生学习需求,推荐合适课程,借助虚拟现实让学习更生动。此外,网络教育还将促进教育均衡,提升教育质量,打破地域限制,整合优质资源,让每个学生享受高质量教育。网络教育平台在协同育人方面也有巨大潜力。通过与学校、企业等合作,可打造全方位育人体系,实现资源共享,优势互补,培养新时代创新人才。

网络教育平台虽面临挑战,但也孕育了无限机遇。它不仅是教育革命,更是社会变革。相信在不久的将来,成熟多元的网络教育将深入每个人的生活,为人类进步贡献力量。我们期待着这场由网络教育平台引领的教育变革,能够带来更加公平、高质、创新的教育环境,为社会培育更多优秀人才。

四、协同育人的挑战与对策

"协同育人"这一融合了家庭、学校、社会等多方资源和力量的教育理念在当今时代显得尤为重要。尽管其在教育实践中已经取得了令人瞩目的成效,但不可否认的是,仍然有一系列挑战和问题摆在我们面前。这些挑战既来自教育内部的深层次矛盾,也与外部环境的变化密切相关。为了进一步深化协同育人的效果,有必要对这些挑战进行深入剖析,并提出相应的对策。

家庭教育与学校教育的衔接问题一直是协同育人中的关键环节。在现实中不难发现,家庭与学校之间往往存在着一定的隔阂,这种隔阂既体现在教育理念上也反映在具体的教育方法上。家庭教育注重个性培养和情感熏陶,而学校教育则更侧重于知识传授和技能训练。如果这种差异得不到妥善处理,就很容易导致学生在教育过程中产生困惑和冲突。因此,加强家校之间的制度化建设显得尤为重要。通过明确双方的责任和边界,可以更好地促进家庭教育与学校教育的有效衔接。例如,可以定期举办家长会,让家长更深入地了解学校的教育理念和教学计划,同时也能提高家长的参与度,形成家校共育的良好氛围。

社会教育资源的利用问题也是协同育人中不可忽视的一个环节。社会本身就是一个巨大的教育资源库,其中蕴含着丰富的教育素材和实践机会。然而,在现实中这些资源的利用往往不够充分。一方面,由于信息不对称和资源整合的难度,很多优质的社会教育资源没有被有效地引入教育体系;另一方面,一些已经引入的资源也存在着利用效率低的问题。为了改变这一现状,需要加大对社会教育资源的整合力度。通过建立资源共享机制,可以更好地打破行业壁垒和地域限制,让优质的教育资源得以更广泛的传播和应用。同时,提高资源的利用效率和覆盖范围也是刻不容缓的任务。这既需要政府部门的宏观规划和政策支持,也需要社会各界的积极参与和共同努力。

网络教育平台的监管问题是近年来随着网络技术的飞速发展而凸显出来的新挑战。网络教育以其跨越时空的便利性和丰富多样的教学资源受到了广泛的关注。然而,在网络教育蓬勃发展的同时,一些问题和隐患也逐渐暴露出来。比如,网络安全问题、信息真实性问题、教育质量参差不齐等。这些问题的存在不仅损害了网络教育的声誉和效果,也对协同育人的整体布局构成了威胁。因此,完善网络教育平台的监管体系势在必行。我们需要从多个层面入手,既保障网络安全和信息安全的基本需求,又促进网络教育的健康有序发展。这包括:建立健全相关法律和法规,明确网络教育平台的责任和义务;加强技术监管手段的运用,及时发现并处理各类违规违法行为,以及推动行业自律和社会监督相结合的综合治理格局的形成。

协同育人不仅是一种教育理念或者实践模式,它更代表着未来教育发展的必然趋势。面对家庭教育与学校教育衔接不够紧密、社会教育资源利用不够充分、网络教育平台监管不够完善等挑战,我们不能掉以轻心,更不能止步不前。相反,我们应该以更加开放的心态和更加务实的作风去迎接这些挑战,并在不断摸索和尝试中找到适合自己的解决之道。只有这样,才能真正发挥协同育人的巨大潜力,为培养新时代所需的高素质人才奠定更加坚实的基础,为学生的成长创造更加美好的明天。这不仅是教育工作者的责任和使命,也是全社会共同期待和努力的方向。

第四节 总 结

"协同育人"这一综合性的教育理念正逐渐在我国教育的大舞台上展现出独特的魅力。它不仅是一种教育方法，更是一种深层次的教育哲学，强调家庭、学校和社会三方不再是孤立的个体，而是形成紧密联系的有机整体，共同为学生的全面发展提供"养分"。家庭是学生的第一课堂，学校是知识的殿堂，而社会则是实践的广阔天地。协同育人理念认为，只有这三方真正形成合力，才能培养出既有知识又有品德的新时代青少年。在实践中，我们已经看到了这一理念所带来的显著成效。学生在更加和谐的教育环境中茁壮成长，不仅学习成绩优异，更在道德品质、社会实践能力等方面有着出色的表现。

任何改革都不会一帆风顺，协同育人在推进过程中同样面临着诸多挑战。家庭与学校之间的教育衔接问题便是其中之一。由于双方在教育理念、方法上存在差异，如何确保教育的连贯性和一致性成为亟待解决的问题。同时，随着社会的快速发展，如何更加有效地利用社会教育资源，使之与学校教育相互补充，也是摆在我们面前的一大课题。网络教育平台的兴起虽然为学生提供了更多的学习选择，但如何对这些平台进行有效监管，确保其教育内容的健康与质量，同样不容忽视。网络空间的开放性和匿名性使得一些不良信息得以传播，这对学生的身心健康构成了潜在威胁。

为了应对这些挑战，需要采取一系列切实可行的措施。加强家校互动是关键所在。通过定期的家长会、家访等活动，增进双方的了解与沟通，从而形成教育上的共识。同时，还应积极整合社会资源，与各类教育机构和社区合作，为学生提供更加丰富多彩的教育体验。在网络监管方面，应建立起完善的监管体系，结合技术手段和人工审核，确保网络教育环境的清朗。

随着这些措施的深入实施，协同育人的理念与实践将进一步优化，为培养适应新时代要求的高素质人才提供坚实保障。这不仅是一场教育改革的探索,更是全社会共同追求和努力的目标。相信在不久的将来,协同育人将结出更加丰硕的果实,为中国的教育事业注入新的活力。

第三章 美育与协同育人的内在联系

第一节 美育与协同育人的相互关系

在教育领域,美育与协同育人如同教育的两大支柱,共同支撑着人才的全面培育。它们虽各有侧重,却紧密相连,为教育事业注入了源源不断的活力。美育,以音乐、绘画、舞蹈等艺术形式为载体,重在培养学生的审美和情感体验。在艺术的殿堂里,学生能够领略到美的真谛,从而提升个体的审美能力和创造力。而协同育人则是一种宏观的教育理念,它鼓励学生、教师、家长和社会共同参与,形成教育合力,以促进学生全面发展为核心。这种教育理念不仅注重知识的传授,更关注学生的能力培养和素质提升。

美育与协同育人内在有着紧密的联系。在教育目标上,它们都致力于培养全面发展的人才。美育挖掘个体的潜能,协同育人则提供广阔的发展平台,两者相辅相成,推动学生向更高层次成长。在教育内容上,美育与协同育人形成了有力的互补。美育的丰富课程内容为协同育人提供了情感基础和创意源泉,而协同育人的跨学科学习和实践活动也为美育提供了广阔的舞台。

从方法论层面看,美育倡导启发式、体验式的教学,激发学生的主动性和创造性。协同育人则强调合作与分享,培养学生的团队协作能力和社会实践能力。在实际教学过程中,美育与协同育人的方法可以有机结合,例如在艺术创作课程中引入协同创作的理念,或在跨学科实践活动中融入美育元素。

第三章 美育与协同育人的内在联系

美育与协同育人在教育领域中相辅相成，相得益彰。它们在教育目标上高度一致，都致力于学生的全面发展；在教育内容上相互补充，构建完整的知识与能力体系；在教育方法上深度融合，为教学实践注入新的活力。因此，我们应充分认识美育与协同育人的重要性，并在实际教育工作中积极探索与实践。美育与协同育人是教育领域中不可或缺的两大理念，它们相互交织、相辅相成，为培养全面发展的人才提供了坚实的支撑。在未来的教育实践中，我们应积极探索美育与协同育人的深度融合。

一、教育目标的一致性

美育与协同育人虽表述不同，但在教育目标上展现出高度一致性，这是教育工作者对教育本质深入探索的共识。美育，通过艺术教育和文化活动触及学生心灵，不仅培养学生艺术技能，更看重通过欣赏和创造美来陶冶情操，提高审美情感。美育让学生在生活中发现美、欣赏美并创造美，培养创新精神，为未来人生铺路。同时，美育无形中培养了学生的创新精神，这种精神是面对未来社会变化的宝贵财富。协同育人则强调学校、家庭、社会等力量的整合，为学生创造和谐、多元的教育环境。它延伸教育边界，丰富学习资源，让学生接触前沿、跨学科知识。通过交流、合作与共享，协同育人培养学生的实践能力、团队协作能力，从而更好地融入社会。

这两种教育理念的一致性不仅体现在理念上，更是教育实践中的指导。它们共同以学生为中心，关注学生的全面发展，培养创新精神、实践能力和社会责任感。这种一致性揭示了教育的系统工程本质，需要各方力量共同参与。

美育与协同育人的高度一致性是教育理念进步的体现，为未来的教育工作提供了启示。我们应该深入研究和探索这两种理念的融合与创新，以更好地服务学生成长和社会进步。

在这种一致性的引领下，未来的教育将更加注重学生的全面发展，培养具有创新精神、实践能力和社会责任感的人才。教育将不再是单一的、孤立的，而是开放的、协同的，需要学校、家庭、社会等多方共同努力。

推动美育与协同育人的融合，为新时代培养全面发展的优秀人才，共创美好

未来。在这样的教育理念下,未来的教育将充满无限可能,让每个学生都能在最适合的环境中自由成长,绽放光彩。

二、教育内容的互补性

美育与协同育人在教育内容上的互补性,深刻揭示了两者紧密相连、相辅相成的关系,对教育和未来社会人才培养均具有重要意义。美育,以艺术教育和文化活动为手段,旨在培养学生的审美能力、创造力和人文素养。通过音乐、绘画、舞蹈等艺术学习,引领学生领略美的真谛,培养对美的敏感度和鉴赏力,不仅关乎审美,更塑造心灵,提升生活品质。协同育人则强调实践导向和团队协作,鼓励学生通过挑战性项目结合理论与实践,提升解决问题的能力。其核心在于培养团队合作精神和创新意识,使学生能迅速组建高效团队,共同攻克难关。

当美育与协同育人结合,便展现出强大的互补优势。美育为协同育人提供灵感和创意,具备美育背景的学生能以其独特的艺术视角为团队项目增添亮点。而协同育人的实践环境也为美育成果提供展示舞台,将美育知识和技能转化为具有社会价值的实际成果。这种互补性并非单向,而是相互促进,共同发展的过程。

美育与协同育人的结合在培养复合型人才方面具有巨大潜力。当今社会需要具备跨学科知识和能力的复合型人才,而美育与协同育人的有机结合,能够培养出既懂艺术又懂技术,既擅长创新又善于协作的优秀人才,为社会发展提供有力支撑。为了充分发挥这种互补性,需要在教育实践中不断探索和创新。学校应加强对美育的重视,提高艺术教育质量。教师应更新观念,将美育与协同育人融入教学。同时,社会各方也应为美育与协同育人提供平台和资源支持。美育不仅关乎审美和艺术,它更关乎学生的内心世界和情感培养。通过美育,学生学会以更开放和包容的心态理解和接纳不同文化,为未来的社会生活和职业发展奠定坚实基础。在协同合作中,这种开放和包容的心态将促进团队的和谐与合作,实现共赢。

美育与协同育人的互补性是一种宝贵的教育资源。通过深入挖掘这种互补性的潜力,有望培养出更多具备全面素养和创新能力的优秀人才,为构建更加和谐、富有创造力的社会贡献力量。这不仅是教育领域的进步,更是对未来社会发展的长远投资。

三、教育方法的融合性

美育与协同育人在教育方法上的融合展现了教育的创新之美。这种融合超越了教学手段，体现了创新、开放与多元的教育理念。以环保主题的社区服务项目为例，若仅停留在传统的宣传层面，学生可能缺乏兴趣。但融入美育后，比如通过绘画、手工制作将环保理念转化为艺术作品，或用音乐、舞蹈传播环保，项目便焕发新活力。这样，学生不仅可以更直观地理解环保的重要性，还能在艺术创作中提升审美和创造力。这种融合尝试为学生打造了更综合、立体的学习平台，促进他们全面发展。反过来，将协同育人理念引入美育教学也是一种创新。传统美育注重个人技能培养，而协同育人视角下的美育则更注重团队合作和项目实践。例如，在绘画课上教师可让学生分组合作完成壁画。此过程中，学生发挥特长和创意，为作品贡献力量；同时培养了团队协作精神，学会有效沟通和协调分歧。

美育与协同育人的融合是教育领域创新和进步的缩影。它们在目标上一致，内容上互补，方法上融合，共同构建了一个支撑全面发展的教育体系。在这个体系中，学生能找到适合自己的成长路径，实现最大潜能。为了更好地实现美育与协同育人的有机融合，我们需要不断探索和创新。要找到更多结合点和平衡点，确保这两种教育理念相辅相成。比如：可以在更多的课程中融入美育元素，让学生在学习知识的同时也能感受到美的熏陶；或者在美育课程中加入更多的团队协作和实践环节，培养学生的团队合作精神和实践能力。

教育者也应不断更新教育观念，认识到美育与协同育人的重要性，积极探索和实践新的教育方法。只有这样，才能为学生提供更加全面、丰富的教育资源，助力他们走向更美好的未来。家长和社会也应给予足够的支持和理解。家长可以鼓励学生参与各种艺术活动和团队项目，培养他们的审美情趣和团队协作能力。社会则应创造更多的机会和平台，让学生能够展示自己的才能和创意。

美育与协同育人的有机融合是教育发展的重要方向。我们需要不断探索和实践，为每位学生提供更加优质的教育资源和成长环境。只有这样，才能培养出既具有审美情趣，又具备团队合作精神和创新能力的新时代人才。

第二节　美育与协同育人的共同推进策略

为了充分发挥美育与协同育人在教育领域中的重要作用，以下提出几点共同推进策略：

加强顶层设计，构建协同育人机制。在如今多元化时代，教育的意义已经远远超出课堂和教科书的范畴。为了培养全面发展的人才，必须重视美育在整个教育体系中的作用，并加强顶层设计，构建起一个协同育人的机制。这一机制的建立，不仅能够汇聚学校、家庭、社会等各方资源，还能共同为孩子的成长提供更广阔的平台。

教育部门在这一过程中应发挥核心引领作用。首先，教育部门需要制定一系列具有前瞻性和指导性的政策，明确美育和协同育人在新时代教育中的重要地位。这些政策应涵盖课程设置、教学资源分配、教育评价等多个方面，确保美育能够与其他教育领域平等发展，相互促进。

在顶层设计的指引下，学校应成为协同育人机制的重要枢纽。学校不仅是知识传授的场所，更是学生性格塑造、情感培养、审美提升的关键环节。因此，学校需要积极拥抱变革，打破传统教育模式的束缚，将美育融入日常教学中。这包括但不限于开设多样化的艺术课程，组织丰富的文体活动，以及搭建展示学生才艺的平台。通过这些举措，学校可以帮助学生发现自己的兴趣所在，培养他们的创新思维和审美能力。

家庭在协同育人机制中同样扮演着不可或缺的角色。家庭是孩子成长的摇篮，家长的言传身教对孩子的影响深远而持久。因此，家长需要更新教育观念，与时俱进，充分认识到美育在孩子全面发展中的重要性。家长可以通过陪伴孩子参加艺术活动、共同欣赏文艺作品、鼓励孩子进行创造性实践等方式，来培养孩子的审美情趣和人文素养。同时，家长还应与学校保持密切沟通，了解

第三章　美育与协同育人的内在联系

学校的教育理念和教育动态，积极配合学校的教育工作，形成家校共育的良好氛围。

　　社会作为一个大熔炉，也为协同育人提供了广阔的舞台。社会各方力量，包括企事业单位、文化艺术机构、社区组织等，都应积极参与美育事业。企事业单位可以通过设立奖学金、赞助艺术活动等方式，支持美育的发展；文化艺术机构则可以提供专业的艺术指导和服务，帮助学校和家庭提升美育水平；社区组织则可以举办各种形式的社区文化活动，让学生在亲身参与中感受艺术的魅力，提升文化素养。构建协同育人机制并非一蹴而就的事情，而是一个持续不断的探索和实践过程。在这一过程中需要不断地总结经验，发现问题，及时调整策略，以确保机制的有效运行。同时，还应保持开放的心态，积极借鉴先进的教育理念和实践经验，不断丰富和完善协同育人体系。

　　加强顶层设计，构建协同育人机制，是新时代教育发展的必然要求。只有将学校、家庭、社会等各方力量紧密地结合在一起，形成强大的教育合力，才能为学生的成长撑起一片更为广阔的天空，培养出既具备扎实知识基础又拥有高尚审美情趣的全面发展的人才。我们坚信，在教育部门的有力推动下，在学校、家庭、社会的共同努力下，教育事业必将迎来更加美好的明天，学生也必将在协同育人的大环境中茁壮成长，绽放出绚丽光彩。在当今社会，美育已成为教育领域不可或缺的一环，它关乎学生的全面发展与个性化成长。为了进一步深化美育教育，需要整合教育资源，丰富美育实践活动，为学生打造一个更加广阔、多元化的学习平台。

　　通过校企合作、校社联动等方式能够有效地整合各方优质教育资源。校企合作不仅意味着学校与企业之间的资源共享，更是一种优势互补、协同发展的教育模式。企业往往拥有先进的设备、技术以及丰富的实践经验，而学校则具备深厚的学术积淀和教育资源，将这两者有机结合，可以为学生提供更加贴近实际、更具前瞻性的美育实践机会。例如，艺术设计专业的学生可以深入企业参与真实的设计项目，从而在实践中提升专业技能和创新能力。校社联动也是整合教育资源的重要途径。社区作为社会生活的基础单元，蕴含着丰富的文化资源和艺术氛围。通过与社区的合作，学校可以引入更多元化的艺术形式和实践活动，让学生在亲

身体验中感受艺术的魅力。这种校社联动的模式还有助于增强学生与社会的联系，培养他们的社会责任感和公民意识。

在整合教育资源的基础上，学校应鼓励开展形式多样的美育活动。这些活动包括艺术展览、戏剧表演、音乐会、舞蹈大赛等，旨在为学生提供展示自我、锻炼能力的平台。通过这些活动，学生不仅能够提升自己的艺术素养，还能在筹备和参与过程中培养团队合作精神、组织协调能力以及创新思维。学校还可以根据学生的兴趣和特长开设个性化的美育课程。这些课程可以围绕特定的艺术门类或主题展开，如摄影艺术、陶瓷制作、民族音乐等，以满足学生不同层次的学习需求。通过选修这些课程，学生能够在专业教师的指导下系统地学习相关知识和技能，实现自我价值的提升。值得一提的是，整合教育资源和丰富美育实践活动的过程中还应注重活动的持续性和创新性。持续性意味着这些活动应成为学校教育体系的一部分，而非一时兴起或应付了事的举措，只有长期坚持并不断优化，才能确保美育实践活动的质量和效果。创新性则是为了保持活动的吸引力和时代感。随着科技的发展和社会的变迁，新的艺术形式和实践方式层出不穷。我们需要紧跟时代步伐，不断引入新的元素和理念，使美育实践活动始终充满活力。除了上述措施外，加强师资队伍建设也是关键一环。教师是美育实践活动的引领者和实施者，他们的专业素养和教育理念直接影响着学生的成长。因此，学校应加大对美育教师的培训和支持力度，提升他们的教学水平和创新能力。同时，还应积极引进优秀的艺术人才加入教师队伍，为美育教育注入新的活力。

通过整合教育资源并丰富美育实践活动，能够为学生提供更加全面、多元化的学习环境。这不仅有助于提升学生的艺术素养和综合能力，还能培养他们的审美情趣和创新能力。在未来的教育工作中，将继续探索和实践，不断完善美育教育体系，为培养更多具有创新精神和实践能力的优秀人才贡献力量。提升教师素养、强化美育教学能力是当前教育领域深化改革的重要方向。教师作为学生成长道路上的引路人，其专业素养和教学能力直接关系到学生的全面发展。因此，必须加强对教师的培训和指导，确保他们在美育教学方面不断进步，以更好地培养学生的审美情趣和创造力。美育不仅是艺术教育的范畴，更是一种教育理念，旨

第三章 美育与协同育人的内在联系

在通过审美活动来培养人的情感态度、价值观念和创造力。因此,提升教师的美育教学水平,要从更新教育观念做起。教师需要深刻理解美育的内涵与外延,明确美育在培养学生综合素质方面的重要作用,从而自觉地将美育融入日常教学中。

在加强对教师的培训和指导方面,可以采取多种形式和途径。定期组织美育教学研讨会,邀请专家学者举办讲座,让教师接触到前沿的美育理论和实践成果。同时,开展校本培训,鼓励教师之间交流教学经验,共同探讨美育教学的难点与热点。此外,还可以利用网络资源为教师提供丰富的在线学习资源,帮助他们随时随地提升自我。提高教师的协同育人能力也是强化美育教学的重要环节。协同育人强调教师、学生、家长以及社会各方力量的共同参与,形成教育合力。在美育教学中,教师应善于调动各方资源,为学生构建多元化的学习平台。例如,可以联合艺术团体、博物馆等社会文化机构,开展形式多样的美育实践活动,让学生在亲身体验中感受美的熏陶。

鼓励教师积极探索美育与协同育人的结合点,需要教师具备创新意识和实践能力。教学过程中,教师应根据学生的年龄特点和兴趣爱好设计富有创意的美育课程,激发学生的学习兴趣。同时,教师还应关注学生的个体差异,因材施教,让每个学生都能在美育教学中找到自己的发展点。创新教学方法和手段是教师提升美育教学能力的关键。随着科技的进步,多媒体、互联网等现代教学技术为美育教学提供了无限可能。教师应熟练掌握这些技术,将其融入课堂教学,创造出丰富多彩的教学环境。例如,利用虚拟现实技术让学生身临其境地感受艺术作品的魅力,通过线上互动平台让学生在家也能参与美育讨论与创作。

建立完善的激励机制也是提升教师美育教学能力的重要保障。学校和教育部门应定期对教师在美育教学方面的成果进行评估和表彰,给予优秀教师以物质和精神上的奖励。同时,为教师提供充足的职业发展机会,让他们在不断进取中实现自我价值。提升教师素养、强化美育教学能力是一项长期而艰巨的任务。它需要我们不断更新教育观念,加强教师培训,提高协同育人能力,鼓励教学创新,并建立完善的激励机制。只有这样,才能培养出一支高素质的教师队伍,为培养德智体美劳全面发展的社会主义建设者和接班人奠定坚实基础。这个过程中,每位教师都肩负着重要的责任和使命。他们不仅是知识的传播者,更是学生心灵的

塑造者。因此，教师要不断自我加压，努力提升自身的美育素养和教学能力，以饱满的热情投入美育事业，为培养更多具有创新精神和实践能力的优秀人才贡献自己的力量。

完善评价体系，激励学生全面发展。在当今社会，教育已不再是单纯的知识传授，而是更加注重学生的全面素质培养。其中，美育与协同育人的重要性日益凸显。为了激励学生全面发展，必须致力于完善现有的评价体系，建立起科学的美育与协同育人评价体系。评价体系的建立，首先要明确评价的核心要素。学生的艺术素养、实践能力以及团队协作精神都应当作为重要的评价指标。艺术素养不仅体现了学生的审美能力和创造力，更是其文化素养和人文精神的直接反映。将艺术素养纳入评价范围可以更有效地引导学生发现和培养自己的艺术兴趣，进而提升个人的综合素养。实践能力也是不可或缺的评价维度。理论知识的学习固然重要，但将知识转化为实际操作的能力同样关键。通过评价学生的实践能力，可以鼓励学生走出课堂，参与更广阔的社会实践，从而真正做到学以致用。

团队协作精神在现代社会中越发重要。优秀的个体不仅要有出色的个人能力，更要懂得如何与他人协作，共同完成任务。因此，将团队协作精神纳入评价体系，不仅有助于培养学生的团队意识，还能提升他们的沟通协作能力，为将来的社会生活奠定坚实基础。在明确了评价要素之后，接下来就是构建合理的评价和激励机制。评价不仅是为了给学生打分，更重要的是通过评价来发现和发展学生的潜能。因此，评价过程应该具有针对性和差异性，能够真实反映每个学生的独特之处。激励机制的建立也同样重要，合理的激励能够激发学生的学习兴趣和动力，使他们更加积极地参与美育和协同育人的活动。这种激励可以是物质上的奖励，也可以是精神上的鼓舞，关键是要能够触动学生的内心，激发他们的上进心。

完善评价体系并非一蹴而就的过程，而是需要不断探索和实践。我们应该保持开放的心态，及时吸收和借鉴国内外先进的评价理念和方法，结合自身的实际情况，逐步构建起符合学生发展需求的评价体系。同时，教师和教育部门也需承担起相应的责任。教师要不断提升自己的专业素养，以便更好地引导和评价学生；

第三章 美育与协同育人的内在联系

教育部门则应提供必要的政策支持和资源保障,为评价体系的顺利实施创造有利条件。

随着评价体系的不断完善,我们有理由相信,学生将在更加科学、全面的评价引导下,积极参与美育和协同育人的各项活动,实现自身的全面发展。这种发展不仅是学业上的进步,更是人格上的完善,是学生在未来社会中能够自信、从容地面对各种挑战的关键。

完善美育与协同育人评价体系,将学生的艺术素养、实践能力、团队协作精神等纳入评价范围,是当前教育改革的重要方向。通过我们共同的努力,定能培养出更多具备全面素质、能够适应社会发展的优秀人才。我们期待这一评价体系能够在更广泛的领域得到应用,并不断根据实际情况进行调整和优化,以更好地服务于学生的成长和发展。让我们携手并进,共同为构建科学的美育与协同育人评价体系,激励学生全面发展而努力。

美育与协同育人,在教育领域中是相辅相成、密不可分的。美育,旨在通过艺术教育和文化教育,培养学生的审美能力、创造力和文化素养;而协同育人,则强调家庭、学校、社会等多方力量的共同参与,形成教育合力,以促进学生全面而均衡地发展。在当今社会,随着教育的不断深化改革,我们越发认识到,美育与协同育人并非孤立存在,而是应当相互融合、共同推进,这样才能最大限度地发挥它们在培养全面发展人才中的重要作用。

实现美育与协同育人的有效融合,首先必须从顶层设计着手。教育部门应制定相关政策,明确美育与协同育人在教育体系中的定位与功能,确保两者在教育教学中的有机融合。同时,各级学校也要根据自身实际情况制订具体可行的教学计划,将美育贯穿日常教学的各个环节,让学生在潜移默化中感受美、发现美、创造美。

教育资源的整合与利用对于提升美育与协同育人的实效性至关重要。学校应打破传统界限,与博物馆、美术馆、音乐厅等文化艺术机构建立深度合作关系,共享优质资源,为学生提供更为广阔的美育实践平台。同时,鼓励家长积极参与学校组织的各类美育活动,加强家校互动,形成教育共同体,共同促进学生的健康成长。

教师在美育与协同育人中扮演着举足轻重的角色，因此提升教师的专业素养和教育教学能力势在必行。学校应定期组织教师参加专业培训，更新教育理念，提高美学素养，使他们能够更好地将美育融入日常教学中。同时，教师也要不断自我学习，提升协同育人的能力，与家长、社会等各方保持密切沟通，共同为学生营造良好的成长环境。

评价是引领教育发展的重要指挥棒。为了保障美育与协同育人的持续发展，必须建立完善的评价体系。这一体系应摒弃唯分数论的传统观念，将学生的审美能力、创造力、协作能力等多元素质纳入评价范畴，以全面、客观、科学的态度评价学生的成长进步。同时，对于教师在美育与协同育人方面的努力与成果也应给予充分的肯定和激励，形成积极向上的教育氛围。

实践是检验真理的唯一标准。在美育与协同育人的道路上，我们需要不断深化实践探索，寻求新的突破和创新。学校可以结合自身特色和地方文化开发具有针对性的美育课程和活动，让学生在亲身参与中感受美的魅力。同时，积极探索协同育人的新模式、新路径，如校企合作、社区共建等，以更加开放、包容的姿态拥抱社会各界力量，共同为学生的全面发展贡献力量。

美育与协同育人在教育领域中占据着举足轻重的地位。通过加强顶层设计、整合教育资源、提升教师素养、完善评价体系以及深化实践探索等共同推进策略的实施，可以充分发挥美育与协同育人在培养全面发展人才中的重要作用。这不仅有助于提升学生的综合素养和社会适应能力，更为社会的和谐进步和国家的繁荣发展注入了源源不断的活力。因此，让我们携手共进，以美育为纽带，以协同育人为抓手，共同培养出更多德才兼备、全面发展的优秀人才。

第三节　协同育人为美育实施提供平台

第三章 美育与协同育人的内在联系

一、协同育人理念对美育的推动

协同育人理念对美育的推动作用在当今教育领域中显得越发重要。这种理念强调教育主体之间的紧密合作与相互协调,不仅为美育的深入实施提供了理论支撑,更在实践中展现出了显著的效果。通过学校、家庭、社会等多方共同努力,共同营造出一种更加立体、多元且富有活力的美育环境。

在学校这一层面,协同育人理念的引入使得美育不再局限于传统的课堂教学。学校应积极寻求与企业、艺术机构等外部组织的合作,共同举办各类艺术展览、音乐会、戏剧表演等活动。这些活动不仅极大地丰富了学生的课余生活,更为他们提供了亲身接触和体验艺术的宝贵机会。在这一过程中学生的审美能力得到了显著提升,他们学会了如何欣赏美、发现美,更在潜移默化中培养起了创造美的能力。

家庭也是协同育人理念中不可或缺的一环。家长在与学校的紧密沟通中,更加明确了自己在美育过程中的角色与责任。他们开始在家庭环境中为孩子营造更多的艺术氛围,如一起欣赏音乐、参观美术馆等。这些活动不仅增进了家长与孩子之间的情感交流,更让美育在日常生活中得以自然渗透,使孩子在耳濡目染中不断提升自己的审美素养。

社会资源的整合利用为美育的协同发展提供了更为广阔的空间。在协同育人理念的指导下,越来越多的社会组织和机构开始关注并投入美育事业,他们通过提供资金支持、设立奖学金、开展公益艺术培训等方式为美育的普及和提升作出了积极贡献。这些社会力量的加入,不仅让美育资源更加丰富多样,也极大地推动了美育理念在全社会范围内的传播和认同。

值得一提的是,协同育人理念还有助于打破传统美育的各种局限。过去美育往往被视为一种"锦上添花"的教育内容,其重要性并未得到足够的认识。在协同育人的视野下,美育不再是一种孤立的存在,而是与德育、智育等相互融合、

相互促进的重要组成部分。这种全新的定位让美育得以向更广阔的领域延伸，更好地服务学生的全面发展。

协同育人理念还强调教育过程中的个性化与差异化。在美育实践中，这意味着每个学生都能根据自己的兴趣和特长得到有针对性的指导和培养。无论是热爱绘画的学生，还是对音乐有浓厚兴趣的学生，都能在协同育人的大背景下找到属于自己的成长路径。这种个性化的美育方式不仅让每个学生都能在艺术的殿堂里自由翱翔，更有助于培养他们的创新精神和独立思考能力。

协同育人理念对美育的推动作用体现在多个层面。通过学校、家庭、社会等各方的共同努力，构建起一个更加完善、多元且富有活力的美育体系。这不仅有助于提升学生的审美素养和创造力，更在长远意义上为培养全面发展的人才奠定了坚实的基础。因此，应该进一步深化对协同育人理念的理解与实践，不断探索和创新美育的路径与方法，为学生的成长和未来注入更多的艺术力量。

二、协同育人背景下美育理念与方法的创新发展

在协同育人的大背景下，美育理念与方法的创新发展显得尤为重要和迫切。协同育人作为一种全新的教育理念，强调学校、家庭、社会等多方资源的整合与共享，共同参与到学生的成长过程。这种教育模式打破了传统教育的边界，为美育教学的改革与创新提供了广阔的空间和无限的可能。

传统的美育教学往往将重点放在知识和技能的传授上。教师通常是课堂的主导者，学生则处于被动接受的状态。然而，随着时代的进步和教育理念的变革，我们逐渐认识到，这种"填鸭式"的教学方式已经无法满足当下学生的需求，也不利于培养学生的创新思维和审美能力。

协同育人的理念为美育教学带来了新的转机。在这一理念的指引下，美育教学开始更加注重学生的主体性和参与性。教师不再是单纯的知识传授者，而是转变为学生学习的引导者和伙伴。教学内容不再局限于教材，而是延伸到生活的各个方面，与学生的实际需求和兴趣紧密相连。

这种转变首先体现在教学观念的更新上。在协同育人的视野下，美育不再是一门孤立的学科，而是与其他学科相互融合、相互渗透的。通过跨学科的教学设

计，可以让学生在探究美的过程中自然而然地接触到其他学科的知识，从而形成更加完整和丰富的知识体系。例如，在美术课上教师不仅可以教授学生绘画技巧，还可以结合历史、文学等学科的内容引导学生深入探究艺术作品背后的历史渊源和文化内涵。

除了教学观念的更新，协同育人还推动了美育方法的创新。现代科技手段的飞速发展为美育教学提供了前所未有的便利和条件，虚拟现实、增强现实等技术的引入使得美育教学变得更加生动和有趣。教师通过这些技术可以为学生打造出一个个沉浸式的艺术场景，让学生在身临其境的感受中，更加直观地理解艺术的魅力和内涵。同时，这些技术还可以帮助学生突破时间和空间的限制，随时随地进行艺术创作和欣赏，极大地丰富了学生的学习体验和感受。

在协同育人的实践中还发现，美育教学的创新不仅发生在课堂内，还延伸到课堂外。学校、家庭、社会等各方资源的协同合作为学生提供了更加广阔的艺术实践平台。学生可以通过参与各种艺术活动、比赛、展览等，将自己的艺术才华展示给更多的人，同时也能够在实践中不断锻炼和提升自己的艺术素养及综合能力。

协同育人背景下的美育创新还体现在评价体系的改革上。传统的美育评价往往以作品的好坏作为唯一的标准，而忽视了学生的创作过程和个性差异。在协同育人的理念下，我们更加注重对学生创作过程的关注和支持，鼓励学生在创作中发挥自己的想象力和创造力。同时，我们还尝试建立多元化的评价体系，将学生的自评、互评以及教师、家长等多元主体的评价相结合，以更加全面、客观地反映学生的艺术素养和发展情况。

协同育人背景下的美育理念与方法的创新发展是一项长期而艰巨的任务。它需要我们不断更新教育观念，积极探索教学新方法，整合各方资源，共同为学生的全面发展助力。只有这样，才能够培养出更多具有创新精神、审美能力和人文素养的优秀人才，为社会的繁荣和进步作出更大的贡献。

三、协同育人机制对美育资源的整合

协同育人机制在美育资源整合方面展现出的潜力和价值，标志着现代教育体系的一次重要革新。在当今社会，美育已成为培养学生全面发展的重要组成部分，涵盖了音乐、美术、舞蹈等多个领域，旨在提升学生的审美能力、创造力和文化素养。然而，美育资源的分布不均、利用不足等问题一直制约着美育教育的质量与普及。协同育人机制的引入为解决这些问题提供了有效途径。

协同育人机制的核心思想是"协同合作，共同育人"，打破了传统教育模式中各学校、各地区孤立局面，通过跨学校、跨地区的紧密合作与资源共享实现教育资源的优化配置和高效利用。在美育领域这一机制发挥了举足轻重的作用。它促进了优质美育课程资源的共享。许多优秀的美育课程资源通过协同育人机制得以在各地学校之间流通与共享，极大地丰富了学生的学习选择，提高了整体美育教学水平；学校之间可以相互借鉴、共同推动美育课程的创新与发展。协同育人机制在师资力量的共享方面也取得了显著成效。优秀的教师资源通过校际教师交流、互派授课以及远程教育等方式得以分配到更多的地区，提高了整体的美育教学质量。这种师资共享还为教师提供了相互学习、共同成长的平台，以提升他们的专业素养和教育教学能力。协同育人机制还推动了教学设施的共享。美育教育对专业教学设施要求较高，但成本昂贵，非所有学校都能承担。通过协同育人机制，学校之间可以共享这些设施，降低单个学校的运营成本，确保学生在专业环境中接受美育教育，提高资源利用效率，缩小学校之间的差距，推动教育均衡发展。

在政府的引导下，越来越多的企业和社会组织也开始关注并投入美育事业，通过资金捐助、项目合作、志愿服务等形式支持教育资源相对匮乏地区的发展，推动美育资源的均衡分布。协同育人机制使得这些资源更加有效地整合在一起，为培养具有高尚审美情操和创新能力的人才奠定了基础。

协同育人机制还在推动美育创新方面展现了巨大潜力。各学校、各地区之间的紧密合作与交流，激发了更多教育创新灵感。通过共同研发新课程、探索新的教学方法、举办联合教学活动等方式，推动美育教育不断向前发展，更加符合时代需求和学生期待。

协同育人机制在美育资源整合的作用是多方面且深层次的，不仅提高了资源利用效率，促进了资源均衡分布，还推动了美育教育的普及与提升。这一机制为现代教育体系注入了新的活力，为培养具有全面素养的新时代人才奠定了坚实基础。未来，期待更多学校、地区和社会主体参与协同育人机制，共同探索美育教育的新路径、新模式，为培养新一代贡献更大力量。

四、协同育人中的美育评价体系构建

在协同育人的大框架下，建立科学有效的美育评价体系尤为关键。明确评价目标和原则是首要步骤。评价目标应与教育整体目标契合，涵盖审美能力、创造力、文化与人文素养、社会适应能力等多个方面。评价内容既要反映学生的美育水平，又能引导其向更高层次发展。同时，要结合时代特色，将数字艺术、媒体素养等新型美育内容纳入评价体系，以适应社会发展需求。

借鉴先进的美育评价理念和实践经验，对于构建评价体系具有重要意义。比如：一些国家注重学生过程性表现，强调参与度和体验感；另一些国家则通过学生作品衡量其美育水平。结合我国实际情况，制定具有国际视野且符合国情的评价标准是关键，标准应全面覆盖审美能力、创造力和文化素养等方面，确保客观、准确。

在制定评价标准时，需注重细化和量化各项指标。例如，审美能力可进一步细化为感知、理解、鉴赏能力，并设定具体评分标准，减少主观因素影响，为教师和学生提供明确方向。此外，也需重视评价方法的多样性和灵活性。传统笔试、面试较为局限，引入作品展示和艺术实践等多元化评价方法，能更全面、客观地评估学生美育发展。例如：通过展示学生美术、音乐、舞蹈作品，直观感受其审美追求和创造力水平；艺术实践活动如艺术节、音乐会等，能培养团队合作精神和组织协调能力。

团队合作评价在协同育人中也不可或缺，评估学生在团体中的沟通能力、协作精神和集体荣誉感，对其社会适应能力和团队精神培养具有重要意义。构建美育评价体系需系统化，从明确目标、借鉴经验、制定细化标准和采用多样化评价方法等方面入手。此外，保持开放心态，关注美育评价领域动态，及时调整体系，与美育事业同步发展，确保其在协同育人中发挥关键作用，为学生全面发展提供支撑，推动社会文化繁荣与进步。

五、协同育人对完善美育评价体系和提升教育质量的贡献

协同育人在完善美育评价体系和提升教育质量方面具有不可替代的重要价值。通过多方协同合作，能够全面了解学生在美育领域的表现，进行客观、科学的评估。这种评价模式拓宽了美育评价的视野，并丰富了数据来源。学校、家庭和社会共同参与美育活动，通过收集学生在美术、音乐、舞蹈等课程中的表现数据，反映学生在美育中的进步与成长，为教师提供了一幅真实的学生美育成长轨迹。

通过这些数据的科学分析，教师可以准确把握学生的美育发展动态，评估其艺术潜能和兴趣方向。此外，这种以数据为支撑的方式还能够及时发现教学中的短板和问题，从而制定有针对性的帮扶措施，提升学习效果。协同育人的理念还引入了多元化视角，使评价结果更加全面客观。学校提供专业的艺术教育资源，家庭在日常生活中培养艺术兴趣，而社会则提供广阔的艺术实践舞台。各教育主体的联合，使美育评价系统更加完善。

协同育人推动评价体系不断创新和发展。学校、家庭和社会形成紧密联结的教育网络，各自发挥优势，共同促进美育教学水平提升。家长通过日常观察和反馈，帮助教师制订个性化的教学方案；社会上的艺术机构和专业人士为学校提供前沿的艺术教育资源和评价理念。这种资源和智慧的汇聚催生出新的美育评价模式和方法，更符合时代发展的需求。

随着时代的发展和人才培养目标的转变，美育评价的理念和标准也需要调整。协同育人的框架下，各方能够吸纳新的评价元素，确保美育评价体系保持科学和前沿。例如，数字化时代的新媒体艺术和虚拟现实等新兴艺术形式丰富了艺术体验，通过协同育人可以将这些新内容纳入教学，并探索新的评价方式。这不仅能够全面评价学生的艺术素养，还激发了他们的学习兴趣和创新精神。

协同育人在完善美育评价体系和提升教育质量方面起到举足轻重的作用。它建立了一个开放、多元、富有活力的美育评价体系，通过整合资源和科学分析数据，推动美育教学和评价更加与时俱进，为培养全面素养和创新能力的人才作出贡献。

第三章 美育与协同育人的内在联系

第四节 总 结

美育与协同育人这两个概念看似独立，各自有着不同的侧重点，实则它们之间存在着深厚的内在联系，共同构成了现代教育体系中不可或缺的两个方面。

美育，顾名思义，是指通过美的教育和艺术的熏陶来培养个体的审美能力与创新精神。在当今社会，随着人们物质生活水平的提高，对美的追求也日益增长。因此，美育逐渐受到了广泛的关注和重视，其不可替代的教育价值也被越来越多的人认识到。美育的目标不仅是让学生学会欣赏美、创造美，更重要的是通过这一过程培养学生的感性认知能力，激发他们的创新思维和想象力。在艺术的海洋里，学生可以自由地遨游，感受不同文化、不同时代的艺术魅力，从而在潜移默化中提升自己的审美品位和创新能力。

协同育人则是一种强调多方参与、共同合作的教育理念。教育不仅仅是学校的事情，而是需要家庭、社会、企业等多方力量共同参与、形成合力的过程。在协同育人的模式下，学校不再是教育的唯一主体，而是成为连接各方资源、搭建合作平台的枢纽。通过整合这些资源，协同育人为学生打造了一个更加宽广、更加多元化的成长环境。在这里，学生不仅可以学到书本上的知识，还能接触到丰富多样的社会实践机会，从而全面提升自己的综合素质和能力水平。

深究美育与协同育人的关系不难发现，虽然它们的侧重点不同，但在教育目标上具有高度的一致性。无论是美育还是协同育人，都致力于促进学生的全面发展，培养具有创新精神和实践能力的复合型人才。在教育实践中，美育与协同育人更是相互渗透、相辅相成。一方面，艺术作品的创作与欣赏往往需要学生之间的协作与交流。例如，在戏剧表演、合唱演出等艺术活动中每个学生都扮演着不同的角色，他们需要通过密切的配合和沟通才能完成共同的表演任务。这种过程不仅锻炼学生的团队协作能力，还让他们在艺术的熏陶中学会了如何更好地与他人相处、如何发挥自己的特长和优势。另一方面，协同育人的理念也促使美育走出课堂、走向社会。在协同育人的框架下，学校可以与社会机构、企业等合作开展各种形式的美育活动，如艺术展览、文化讲座、实践基地等。这些活动不仅

丰富了美育的内容和形式,还让学生有机会亲身感受艺术的魅力、了解社会的多元性,从而培养他们的社会责任感和公民意识。

美育与协同育人相结合在教育实践中具有深远的意义。首先,它有助于打破传统教育模式的束缚,推动教育朝更加开放、多元的方向发展。在美育和协同育人的共同作用下,学生可以接触到更多的知识领域和思维方式,从而培养出更加宽广的视野和更加灵活的思维模式。其次,这种结合还有助于提升学生的综合素质和能力水平。在美育的熏陶下,学生的审美情趣得到提高、人格得到完善;而在协同育人的实践中,学生的社会适应能力、问题解决能力也得到锻炼和提升。这些能力和素质对于学生未来的职业发展和人生规划都具有重要的影响。最后,美育与协同育人的结合还有助于构建和谐社会、促进文化的传承与创新。通过参与各种形式的美育活动和社会实践,学生可以更好地了解和传承本民族的优秀传统文化,同时也可以接触到世界各地的多元文化元素,从而在交流互鉴中推动文化的创新与发展。

美育与协同育人虽然看似独立,但实则紧密相连、相辅相成。在现代教育体系中,我们应该充分认识到它们各自的重要性以及它们之间的内在联系,努力推动美育与协同育人的深度融合与发展。只有这样,才能培养出既具有高尚审美情趣又具备创新精神和实践能力的复合型人才,为社会的进步和发展贡献力量。

美育与协同育人相结合的发展趋势在当下及未来教育领域中确实展现出了无比广阔的前景。这一趋势不仅体现了教育的内在规律,也顺应了社会对全面发展人才的迫切需求。随着教育理念的不断更新和深化,美育与协同育人将更加紧密、有机地融合在一起,共同推动教育事业的创新发展,引领教育走向更加全面、多元的新阶段。这一融合过程中也必然面临着诸多挑战和问题。如何确保美育与协同育人的有效实施,避免其陷入形式主义与功利化的泥潭,正是我们必须正视和解决的重要课题。形式主义会导致教育内容的空洞和教育过程的虚化,而功利化则可能使教育偏离其本质,沦为追求短期利益的工具。因此,需要在实践中不断探索和完善美育与协同育人的实施路径,确保其能够真正落到实处,发挥出应有的育人效果。如何平衡各方利益,调动政府、学校、家庭、社会等各方积极性,形成真正的教育合力,也是美育与协同育人发展过程中不可忽视的问题。教育是一项系统工程，需要各方共同参与、协同努力。只有建立起有效的协同机制，明确各方的责任与角色，才能确保美育与协同育人的顺利推进，实现教育资源的优化配置和教育效果的最大化。美育与协同育人之间的内在联系，实际上体现了教育的本质要求。美育旨在培养学生的审美情趣和创造力，陶冶其情操，提升其人格境界；而协同育人则强调教育过程中的多方参与和合作，以更加全面、立体的方式培养学生。两相结合，不仅有助于学生的全面发展，也顺应了时代发展的潮流，体现了教育与社会发展的紧密互动。

  在教育实践中，我们应深刻理解美育与协同育人的重要意义，积极探索两者有效结合的路径和方法。这包括但不限于：加强美育课程建设，将其有机融入日常教学体系；推动跨学科的美育实践活动，鼓励学生在多样化的艺术体验中感悟美、创造美；建立政府、学校、家庭、社会等多方参与的协同育人机制，共同营造有利于学生成长的教育环境。当然，这一过程中必然会遇到各种挑战和困难。但我们坚信，只要不断探索、勇于实践，就一定能够找到适合当前教育形势的美育与协同育人发展之路。也必将为培养新时代的高素质人才，为推动教育事业的持续进步，贡献出我们独特的智慧与力量。此外，我们还需认识到，美育与协同育人的实施并非一蹴而就，而是需要长期坚持与不懈努力的过程。这就要求我们始终保持对教育事业的热情和执着，以更加开放的心态拥抱变革，以更加务实的态度推动实践。只有这样，才能在不断变革的教育领域中把握先机，引领未来，确保美育与协同育人真正落地生根，开花结果。

第四章 美育协同育人的路径探索

在当今社会,教育的目标已超越单纯的知识传授,更注重学生的全面素质发展。美育作为培养学生审美能力、创造精神和美好生活追求的重要途径,已越来越受到重视。随着时代进步,人们认识到单一、孤立的教育模式已无法满足学生多元化、全面化的发展需求,而美育协同育人则提供了全新的解决方案和发展方向。美育协同育人强调教育过程中各种要素的有机整合与高效协作,要求学校、家庭、社区乃至整个社会环境形成和谐统一的教育体系,共同致力于学生的美育培养和全面发展。这种模式不仅拓宽教育边界,还深化教育内涵,使学生在各个层面都能获得美的滋养,实现个性化与全面性的和谐统一。

学校作为美育协同育人的主阵地,肩负着培养学生审美素养的重要使命。教师在课堂教学中应积极探寻学科蕴含的美育元素,将其与智育、德育等有机融合。例如:在数学教学中揭示数学定理的简洁美、逻辑美,引导学生感受数学魅力;在语文教学中,通过赏析经典诗文,培养学生的语言艺术鉴赏能力和创作热情。学校还应开展丰富多彩的校园文化活动,如艺术展览、音乐会、戏剧节等,为学生搭建展示自我、感受美的舞台。通过组织"美育周""文化艺术节"等活动,营造浓厚的校园文化氛围,使学生在潜移默化中接受美的熏陶,提升审美品位和文化素养。

家庭作为孩子成长的温馨港湾,也是美育协同育人的重要一环。父母应充分发挥引领作用,通过日常生活的细节,培养孩子发现美、欣赏美、创造美的能力。例如,引导孩子参加家居装饰,通过挑选艺术气息装饰品、合理搭配色彩等,打造美观和谐的家庭环境。亲子互动也是家庭美育的重要途径,父母可与孩子共同欣赏艺术作品、探讨美学问题,或进行手工制作、艺术创作等。这些互动不仅增进亲子关系,还能激发孩子的创造力和想象力,培养审美情趣。父母应给予孩子充分的鼓励和肯定,让他们在美的探索中建立自信,收获成长。

社区和社会环境作为更广阔的教育空间,同样承载着重要的美育功能。社区可以定期举办各类文化活动,如书画比赛、摄影展览等,吸引居民积极参与,为孩子提供展示才艺、交流学习的平台。这些活动丰富了社区文化生活,促进了孩子对艺术多样性的认识和体验。博物馆、美术馆、音乐厅等公共艺术机构,以及自然景观和人文遗址等社会资源,是宝贵的美育课堂。学校应与这些机构合作,组织学生进行实地参观和学习,让他们在亲身感受中领略艺术的博大精深,提升审美素养。此外,社会媒体和网络资源也可成为美育的重要补充,为学生提供便捷、多元的学习渠道。

尽管美育协同育人在理念上得到广泛认同,但在实际操作中仍面临诸多挑战。学校、家庭、社区之间的教育衔接不够紧密,资源配置不够均衡,以及教育者对美育理念认知的偏差等,都可能影响美育协同育人的效果。为有效应对这些挑战,需要采取一系列对策:建立完善的美育协同育人机制,明确各方职责,加强沟通协调,确保教育资源的合理分配和高效利用;加强对教育者的培训和指导,提升他们的美育素养和教学能力,确保他们能够在各自领域有效实施美育;加大对美育的宣传力度,提高全社会对美育重要性的认识,为美育协同育人营造良好的社会氛围。

美育协同育人是一项长期而复杂的系统工程,要求我们以开放、包容的心态审视和整合各种教育资源,形成强大教育合力。通过学校、家庭、社区和社会环境的共同努力,为孩子营造一个充满美感、和谐共生的教育环境,帮助他们在美的熏陶下自由探索、全面发展。我们坚信,美育协同育人将成为推动教育创新发展的重要力量。随着教育理念的不断更新和社会资源的日益丰富,我们将迎来更多美育协同育人的实践探索和创新成果。让我们携手并进,为培养具有高尚审美情操、创新精神和实践能力的复合型人才而努力奋斗,为孩子的美好未来谱写更加绚丽的篇章。

第一节　课程体系改革

在全面推进素质教育的背景下,课程体系改革成为教育热点,其意义不仅在于革新传统教育模式,更在于对学生全面发展的深刻影响。传统课程体系偏重于知识灌输,忽视情感、态度、价值观的培养,但现代社会要求不仅是知识积累,更是综合素养的提升,其中美育是重要维度。

美育通过艺术教育和文化活动培养学生的审美能力、创造力及人文情怀。不同于其他教育领域,美育更注重情感熏陶、精神滋养和个性发展。课程体系改革应将美育融入日常教学,通过艺术、文化等多元化手段激发学生兴趣,培养审美情趣。例如,音乐课上的旋律欣赏、美术课上的绘画创作和语文课上的诗文朗诵都应成为美育的组成部分,构建立体、生动的教学环境。这一改革要求教师更新观念,提高艺术素养,成为学生精神成长的引领者,从而影响学生的成长。此外,美育应与德育、智育等相互渗透、相互影响,形成完整、和谐的教育生态。这一改革过程不可一蹴而就,需要不断探索、实践和反思。面对挑战和困难,只要坚守美育初心,推进全面发展教育理念,便能走出一条中国特色的素质教育之路。在这条道路上,一代又一代学生将在知识海洋和艺术殿堂中成长,拥有扎实专业知识、卓越审美能力、创新能力和深厚人文素养。他们将成为推动社会进步、引领时代潮流的中坚力量。课程体系改革融入美育,不仅是对传统教育的变革,更是对学生全面发展的承诺。它要求我们重新审视教育目标与方法,重新定位教师角色与责任,以培养符合时代需求的高素质人才。

课程体系改革在美育方面的推进,还需社会各界广泛支持和参与。家庭、学校、社区和文化机构应形成合力,通过艺术展览、音乐会、戏剧表演等活动,让学生亲身感受艺术魅力,提升审美能力。同时,课程体系改革也应利用现代科技手段拓展美育教学空间与方式。互联网和虚拟现实等技术可以打破时间和空间的限制,使学生随时接触世界各地艺术瑰宝，领略不同文化风采，加强学习兴趣、培养国际视野和跨文化交流能力。

将美育深度融入课程体系改革是一个系统工程，需要从多个方面入手，形成全方位育人格局。只有这样，才能培养既具备扎实知识技能又拥有高尚审美情趣和创新能力的复合型人才，为国家的繁荣富强和中华民族伟大复兴提供源源不断的支持。在未来，让我们共同探索美育奥秘，书写素质教育新篇章，通过各类文化活动和现代科技手段的利用，提升学生审美能力和人文素养，实现美育全面、系统地推进。

第二节　调整课程结构，增加美育相关课程比例

在深化教育改革的大背景下，课程体系的优化与重构显得尤为重要。传统的课程体系长期以来以知识传授为核心，注重对学生认知能力的培养和应试技能的训练。这种教育模式固然在知识积累方面取得了一定成效，但也暴露出不少问题，其中最为突出的是对学生情感、态度及价值观培养的忽视，不少学生在沉重的知识学习压力下渐渐迷失了方向，难以培养出健全的人格和独立的思考能力。因此，课程体系的改革势在必行，必须从调整课程结构入手，增加美育相关课程的比例，以全面提升学生的综合素养。

调整课程结构并非一蹴而就的简单过程，而是需要深思熟虑、精心设计的系统工程。首先要明确的是，增加美育相关课程比例并不意味着要片面地削减其他基础课程的课时，应该在保持原有基础课程体系完整性的基础上，通过巧妙的优化与整合使美育与其他课程能够相互渗透、相互促进，共同为学生的全面发展提供坚实的支撑。学校可以在课程设置上做出以下调整：一是增设美育相关课程，如艺术鉴赏、音乐创作、舞蹈表演等，并给予这些课程足够的学时和重视。这些课程不仅能够培养学生的审美情趣和艺术修养，还能够为他们在未来生活中的多

元化发展奠定基础。二是加强美育元素在传统基础课程中的融入。例如，教师在数学教学中可以通过挖掘数学中的对称美、比例美等美学元素，引导学生在解决数学问题的过程中感受数学的简洁与和谐之美；在物理、化学等教学中可以通过展示科学实验的视觉美感，激发学生对科学探索的兴趣和热情。这种跨学科的融合教学，不仅能够打破学科之间的壁垒，促进学科知识的相互融通，还能够培养学生的综合素养和创新精神。学校还可以通过开展丰富多彩的课外艺术活动，如艺术展览、音乐会、戏剧表演等，为学生提供更多展示自我、锻炼能力的平台。这些活动不仅能够丰富学生的课余生活，还能够让他们在亲身参与中感受艺术的魅力，提升对美的感知与追求。同时，学校还可以邀请艺术家、学者等走进校园，与学生进行面对面的交流与互动，为他们带来前沿的艺术资讯和深刻的学术思考。这些举措将有助于营造浓厚的校园艺术氛围，使学生在潜移默化的熏陶中提升自身的艺术素养和审美能力。

调整课程结构、增加美育相关课程比例是当前教育改革的重要任务之一。通过这一系列的改革措施，有望培养出既具备扎实专业知识又拥有良好审美情趣和创新能力的新时代青年，为社会的繁荣与进步贡献力量。

第三节 美育融入课程的实施策略与保障措施

在明确调整课程结构、增加美育相关课程比例的重要性之后，必须进一步深入探讨如何有效地实施这一改革策略，并为之提供坚实可靠的保障措施，确保美育能够真正融入学校教育的每个环节，从而充分发挥其独特的育人功能，助力学生全面发展。

一、实施策略

（一）顶层设计与整体规划

学校作为教育改革的执行主体，应从顶层设计的高度出发，对美育融入课

第四章 美育协同育人的路径探索

程进行全方位、系统化的规划。一是确立清晰的美育课程目标，明确各阶段学生应达到的美育素养标准；二是精心构建美育课程内容体系，确保课程内容既丰富多彩又符合学生年龄特点和认知规律；三是确定美育课程的实施方式，是采用独立设课还是与现有课程融合，都要有明确的规划和操作步骤；四是建立科学的评价标准，定期对美育课程实施效果进行评估，以便及时发现问题并进行调整。

为实现这一系列规划，学校还需建立专门的组织机构，负责美育课程从研发到实施再到监督的全过程管理。这一机构应由校领导牵头，汇聚各学科骨干教师，形成强有力的改革团队，确保各项改革措施能够稳步推进，落到实处。

（二）加强师资培训与提升

教师是美育课程实施的关键力量，他们的教学理念和技能水平直接影响着美育课程的实施效果。因此，学校应将对教师的美育培训作为重中之重。通过组织专题培训、邀请美育专家举办讲座、定期开展教学研讨等活动，不断提升教师的美育素养和跨学科融合教学能力。同时，学校还应鼓励教师积极探索美育与所教学科的有机结合，大胆创新教学方法和手段，以更加生动有趣的方式引导学生发现和感受美，从而激发他们的学习兴趣和创造潜能。

（三）完善教学资源与设施

"巧妇难为无米之炊"，美育课程的实施离不开丰富的教学资源和完善的设施支持。学校应根据美育课程的需求，逐步加大投入，完善音乐、舞蹈、美术等专用教室的建设，配齐配足各类器材设备。这些专用教室和器材不仅要满足日常教学的需要，还要能够支持学生开展各种艺术实践活动。此外，学校还应积极"走出去"，与校外艺术资源对接，如利用博物馆、美术馆、音乐厅等公共文化艺术场馆，为学生搭建更加广阔的艺术学习和实践平台。

（四）构建多元化评价体系

评价是引领教学改革的重要指挥棒。在美育融入课程的背景下，传统的以考试成绩为唯一标准的评价体系显然已不合时宜。学校应勇于打破陈规，构建起多元化的评价体系。这一体系应涵盖学生的艺术素养、审美能力、创新精神等多个维度，通过艺术作品展示、艺术实践活动参与、艺术素养测评等多种方式来进行

评价。同时，要注重过程与结果相结合，既要看到学生的最终成果，也要关注他们在学习过程中的努力和进步。通过这样的评价体系，不仅能够更加全面客观地反映学生的美育成果，还能够有效激发他们的学习积极性和创造力。

二、保障措施

（一）制定相关政策与制度

"无规矩不成方圆"，美育融入课程的顺利实施离不开相关政策与制度的保驾护航。学校应制定一系列的政策与制度，明确美育课程的地位、性质、任务以及管理要求等。例如：可以出台《美育课程管理办法》，规范课程的设置、实施与评价；制定《教师培训与考核制度》，确保教师能够定期接受美育培训并不断提升自己的教学水平；制定《教学资源配置与使用规定》，确保各种教学资源能够得到合理有效的利用。同时，要通过建立激励机制，如设立美育教学成果奖、优秀学生艺术奖等，对在美育融入课程改革中作出突出贡献的教师和学生给予充分的肯定和奖励。

（二）加强校内外合作与交流

在信息化、全球化的今天，闭门造车已不可取。学校应积极寻求与校外艺术机构、专家学者的合作与交流，共同推动美育融入课程的改革进程。通过建立校外艺术实践基地，为学生提供更加真实、专业的艺术实践环境；邀请专家进校指导，帮助教师解决在教学过程中遇到的疑难问题；积极参与区域性艺术教育活动，与其他学校共同分享改革经验、展示改革成果。这些措施不仅能够为学校的美育课程改革注入新的活力和动力，还能够拓宽师生的视野和思路，促进学校整体办学水平的提升。

美育融入课程是一项系统工程，需要学校从顶层设计出发，通过加强师资培训、完善教学资源与设施、构建多元化评价体系等实施策略，并辅以相关政策与制度的保障，以及加强校内外合作。

第四节 创新教学方法，运用艺术化手段提升课堂魅力

一、教学方法的重要性

教学方法的重要性不可忽视，是教育活动的核心组成部分。教学方法的选择与应用直接影响教师传递知识的效率和学生对知识的理解与掌握，进而影响教育目标的实现。在现代教育改革的背景下，教学方法的创新与探索已成为提升教育质量、促进学生全面发展的关键环节。随着社会进步、科技发展以及教育理念的更新，传统教学方法在某些方面已难以满足现代教育需求。教学方法需要与时俱进，融入创新元素，以更好地满足学生多样化的学习需求，促进他们全面发展。一种恰当、新颖的教学方法，如同给课堂注入活力的清泉，它不仅提升课堂的魅力，激发学生的学习兴趣，还能培养学生的自主学习能力、创新思维能力和批判性思考能力。这些能力是学生未来学术和职业发展的重要基础，也是他们成为社会栋梁的必备素质。因此，教学方法的选择与创新是在为社会和国家的未来培养高素质、全面发展的人才。

尽管教学方法十分重要，但教育的其他因素如教学内容、环境和评价体系也同样重要。教学方法作为教育的核心环节，其地位和作用不可忽视。同时，每种教学方法有其适用范围和局限性，不同学科、年级和学生群体需要因材施教。教师在选择教学方法时，应充分考虑实际情况，做到因时制宜。

教学方法的创新需要教师具备开放的心态、敏锐的洞察力和不懈的探索精神。只有在不断的教学实践中发现问题、提出新思路、尝试新方法，才能推动教育改革深入发展，培养更多优秀人才。教学方法的重要性不可忽视，它是实现教育目

标和提升教育质量的关键环节,也是激发学生兴趣和全面发展的有力抓手。教师应高度重视教学方法的选择与创新,探索符合教育规律且富有特色的教学之路。

二、传统教学模式的局限性

传统教学模式的局限性在现今教育体系中越发显现。在传统的教学模式下,教师常常扮演着课堂绝对主导者的角色,掌握着知识传递的主动权,而学生则多处于被动接受的地位。这种以教师为中心的教学方式被形象地称为"填鸭式"教学,其本质是一种单向的知识灌输,缺乏对学生主体地位的尊重和对其情感体验的关注。在这种教学模式下,学生的个性和需求往往被忽视。每个学生都是独一无二的个体,他们有着不同的学习方式、兴趣爱好和思维习惯。然而,在传统课堂上,教师往往采用"一刀切"的教学方法,缺乏对学生差异化的认知,导致一些学生难以适应教学节奏,学习效果大打折扣。

传统教学模式还容易使学生产生厌倦和抵触情绪。长时间的被动听讲,缺乏互动和参与,会让学生感到枯燥无味,对学习内容失去兴趣。这种消极的学习体验不仅影响学生的学习效果,更可能对其长远发展造成不利影响。学生可能会逐渐形成逃课、厌学等负面行为,对学习产生抵触心理,甚至影响到他们的心理健康和社会适应能力。

更为严重的是,传统教学模式下的这种"填鸭式"教育还可能抑制学生的创新能力和批判性思维的发展。在快速变化的时代,创新能力和批判性思维是不可或缺的素养。然而,在传统教学模式的束缚下,学生习惯于接受现成答案,缺乏独立思考和解决问题的能力,这无疑是对他们未来发展潜力的巨大限制。打破传统教学模式的束缚,探索更加符合学生身心发展规律的教学方法,已经迫在眉睫。新的教学模式应该以学生为中心,充分尊重学生的主体地位,关注他们的情感体验和学习需求。教师应该转变角色,从单纯的知识传授者转变为学生学习路上的引导者和伙伴。通过增加课堂互动、引入实践环节、实施个性化教学等方式,激发学生的学习兴趣,培养他们的自主学习能力,让每个学生都能在适合自己的学习环境中茁壮成长。新的教学模式还应注重培养学生的创新精神和实践能力。鼓励学生勇于尝试、敢于质疑,为他们提供广阔的思维空间和实践平台。通过项目式学习、探究式学习等方式，引导学生在解决问题的过程中主动探索、积极实践，不断提升自身的综合素养。

传统教学模式的局限性已经成为阻碍教育发展的重要因素。为了培养出更多具备创新精神和实践能力的新时代人才，我们必须下定决心进行教学改革，打破陈规陋习，构建起以学生为中心、充满活力和创造力的新型教学模式。这不仅是教育发展的必然趋势，更是每个教育工作者义不容辞的责任。只有这样，才能让教育真正成为推动社会进步和个人全面发展的强大动力。

三、融合艺术与科学的教学模式

在探索教育多元发展的道路上，某小学开创了一项"艺术与科学"融合课程，将艺术的灵感与科学的严谨巧妙结合，推动学生全面发展。这一创新教学模式并非简单叠加艺术课与科学课，而是在深入剖析两者内在逻辑的基础上找到契合点，从而实现深度融合。学生通过绘画、雕塑等艺术形式直观表达科学原理，同时在科学实验中培养对艺术要素的敏锐感知。这种模式打破了艺术与科学之间的传统界限，使学生能够自由穿梭于感性与理性之间，探索无限可能。

课程的设计独具匠心，从根本上提升了学生的学习热情。在传统教学模式下，学科内容可能显得枯燥；然而，在艺术与科学融合的课程中每个知识点都被赋予生命，学生在欣赏与创造过程中自然地发现科学的奥秘，成就感与喜悦进一步激发了探索欲望。此外，这种模式还培养了学生的创新思维、批判性思考和解决问题的能力，为其未来的全面发展奠定基础。

"艺术与科学"融合课程对教师提出了更高要求，教师需要具备跨学科知识储备，灵活多样的教学方法，以及敏锐捕捉学生兴趣点的能力。这样的环境不仅促进了学生成长，也带动了教师的进步。课程还加强了学校与社区、家庭的合作，家长被邀请参与课程设计和实施，这不仅增强了家校联系，也让家长更好地了解和支持学校的教育理念。

这项课程实践无疑具有深远意义，它打破了学科界限，提高了学生的学习热情，培养了综合素养，促进了教师成长和家校合作。可以预见，这种融合艺术与科学的教学模式将在未来教育领域占据重要地位，为培养既具创造力又具科学素

养的全面发展人才贡献力量。

四、跨学科融合教学的实施方式

在跨学科融合教学的实施方式上，该校展现出了前瞻性的探索精神与实质性的创新举措。生物学和物理学这两门看似截然不同的学科，在该校教师的巧妙设计下，与艺术元素有机结合，为学生带来了一场别开生面的学习体验。

在生物学课程中，教师深知直观感受与亲身体验对于学生理解知识的重要性。他们不满足于传统的课堂教学，而是将学生带出教室，走进丰富多彩的植物世界。在实地观察环节，教师引导学生仔细观察各种植物的形态与色彩，从叶片的纹理到花朵的绽放，每一个细节都成为学生探索的对象。在观察的过程中，教师不仅传授植物学的知识，还刻意培养学生的观察力和审美能力。学生在教师的指导下，用画笔记录下自己眼中的植物世界。他们尝试用不同的线条和色彩去描绘植物的轮廓和光影变化，这些作品不仅反映了学生对生物学知识的理解，更是他们个人情感和审美的表达。这样的教学方式，不仅让学生对生物学产生了浓厚的兴趣，还在无形中提升了他们的艺术修养和审美能力。在物理学课程中，教师同样采用了别具一格的教学方法，他们鼓励学生将所学的物理原理应用到音乐创作中，通过这种跨界的实践，让学生更加深刻地理解物理学的内涵。例如，教师带领学生利用不同材质的物品，如竹筒、金属片等，制作出独具特色的打击乐器。在这个过程中，学生需要运用所学的声学原理来调整乐器的结构和音质，确保每件作品都能发出悦耳动听的声音。在乐器制作完成后，教师还会组织学生进行音乐表演。他们自由组合成不同的乐队，用自己亲手制作的乐器演奏出美妙的音乐。在这样的课堂上，物理学不再是枯燥无味的公式和定理，而是与音乐紧密相连的生动实践。学生在享受音乐创作带来的乐趣的同时，也深刻体会到了科学与艺术的和谐统一。

这种跨学科融合的教学方式，不仅打破了学科之间的界限，还为学生提供了更加广阔的学习空间。学生在这样的教学环境中能够更全面地发展自己的知识、技能和情感态度，他们学会了从不同角度去看待问题，提高了解决问题的能力，也培养了更加开放和创新的思维方式。这种教学方式对教师也提出了更高的要求，教师需要具备跨学科的知识储备，能够灵活地将不同学科的内容进行有机融合；同时，他们还需要具备创新意识和实践能力，能够设计出富有挑战性的教学任务，引导学生在探索中不断成长。

该校在生物学和物理学课程中融入艺术元素的教学实践，无疑是一次成功的跨学科融合尝试。这种教学方式不仅让学生收获了知识，更让他们在艺术与科学的交融中找到了学习的乐趣和成长的动力。未来，随着这种教学理念的进一步推广和实践经验的不断积累，会有更多的学生受益，走向更加全面和多元的发展道路。

五、教师的专业素养和综合能力

在探讨跨学科融合的教学模式时，不得不提及这一变革的核心推动者——教师。诚然，将不同学科的知识和方法有机地结合起来，让学生在一个更宽广的视野下学习，这样的教学模式具有诸多优势，但其实施难度也不容忽视。其中，最为关键的一环便是教师自身的专业素养和综合能力。跨学科融合教学，顾名思义，要求教师能够跨越传统的学科界限，将多元化的知识融会贯通。这不仅意味着教师需要拥有深厚的专业知识储备，更要求他们具备一种全局性的思维方式和灵活多变的教学方法。例如，教师在讲授历史课程时，若能引入文学作品中的相关描述，或是运用地理学的视角来解析历史事件的空间分布，便能极大地丰富教学内容，提高学生的学习兴趣。然而，要做到这一点并非易事。

面对跨学科融合教学的挑战，教师的专业素养显得尤为重要。这里的专业素养不仅是指对某一学科的精通，更包括教育教学理论、心理学知识以及信息技术应用能力等多个方面。一个优秀的跨学科教师，应当能够准确把握学生的学习需求，合理设计教学方案，并能够有效运用各种教学资源和手段，以激发学生的学习兴趣，引导他们深入探索。教师的综合能力也是不可或缺的，这包括教师的组织协调能力、沟通表达能力以及创新思维能力等。在跨学科教学中，往往需要多个学科的教师进行紧密合作，共同研发教学材料和设计教学活动。这就要求教师必须具备良好的团队协作精神，能够在沟通中达成共识，在合作中实现共赢。此外，面对日新月异的教育环境和学生需求，教师还需要具备强烈的创新意识和实

践能力，能够不断探索尝试新的教学方法和手段。为了提升教师的专业素养和综合能力，以满足跨学科融合教学的需求，教育部门和学校必须采取切实有效的措施。学校应定期组织教师参加专业的培训课程，如跨学科教学设计、多元化教学方法应用等，帮助教师更新教育观念，提升教学技能。这些培训课程可以邀请业内专家进行授课，也可以组织教师赴先进地区或学校进行观摩学习。学校还应积极搭建教师之间的交流与合作平台。可以定期举办教师教学沙龙、研讨会等活动，鼓励教师分享自己的教学经验和心得，共同探讨跨学科教学中的问题与挑战。同时，学校还可以设立跨学科教学研究项目，为教师提供必要的资源和支持，推动他们在教学实践中进行创新尝试。学校还可以通过完善教师评价机制、设立教学奖励等方式，进一步激发教师提升专业素养和综合能力的积极性。只有建立起一个有利于教师成长与发展的良好环境，才能真正推动跨学科融合教学模式的深入实施，从而为学生提供更加优质、全面的教育服务。

六、日常教学中的创新方法

教师在日常教学活动中一直在探索更高效有趣的方法，以激发学生学习兴趣，提升学习效果。除了跨学科融合外，许多其他创新方法也值得尝试。

在语文教学中，传统的方法侧重于字词句解析和文本解读，但可以通过引入更多元化的活动让学生更深刻地领略文学之美。比如，朗诵比赛需让学生准确理解文本情感，并通过语音语调传达情感，提高语言表达能力和文学素养。课本剧表演则通过自编自导自演，将文字转化为生动的舞台表演，深入剖析角色性格和故事情节，培养创新思维和团队协作能力，同时深刻感受文学作品的魅力。

在英语教学中，传统方法注重语法和词汇，而忽略语言在实际情境中的应用。为弥补这一不足，可利用英文歌曲、电影片段等资源创设真实语言情境。学唱英文歌曲让学生在愉快氛围中掌握表达方式，观看电影片段帮助学生了解英语国家的文化和生活。同时，游戏元素如词汇接龙、角色扮演等让学生在游戏中巩固知识，提高学习积极性。这些方法打破了沉闷的课堂氛围，令学习效果更优异。

创新方法的实施需要教师具备专业素养和创新能力。因此，教师应不断更新教育理念，积极学习新教学技术和方法，以适应新时代教育需求。学校也应提供必要的支持和培训，帮助教师更好地运用这些方法，提高整体教学质量。这些方法需根据学生实际情况和教学内容灵活调整，做到因材施教、寓教于乐，使学生在创新教育中茁壮成长。现代科技手段也可用于教学创新，例如，利用多媒体技术制作丰富的课件，将抽象知识点图文并茂地展现，或利用网络平台进行线上教学，打破时间和空间限制，提供便捷的学习途径。这些科技手段的运用为教学带来更多可能性和挑战，通过不断尝试和探索，教师一定能找到最适合学生的教学方法，引领学生在知识海洋中畅游，取得更辉煌的成绩。

七、教学方法的拓展和补充

教学方法的拓展和补充是教育领域中一个持续深化和创新的过程。在当下信息化、数字化时代，科技的迅猛发展不仅改变了人们的生活方式，也在潜移默化中影响着教育教学的模式和手段。这种变革正是教育与时俱进、保持生命力的关键所在。

随着虚拟现实、增强现实等技术的逐渐成熟，教育领域迎来了前所未有的发展机遇。利用这些技术可以构建出极为逼真、沉浸感极强的虚拟教学环境。在这样的环境中，学生不再是被动的知识接受者，而是能够身临其境地置身于各种知识场景之中进行主动的探索和学习。比如，在地理课上学生可以通过虚拟现实技术"穿越"到地球的各个角落，目睹不同地域的自然风光和地理现象；在历史课上学生可以"回到"古代，亲眼见证历史事件的发生，从而更加深刻地理解历史的演变过程。这样的教学方式无疑能够极大地激发学生的学习兴趣和好奇心，提高他们学习的积极性和主动性。除了虚拟现实技术，线上教学平台也是近年来教育领域的一大创新。借助互联网和先进的音视频技术，线上教学平台能够实现远程的、实时的教学互动。这不仅打破了时间和空间的限制，让更多的学生有机会接触到优质的教育资源，还极大地提高了教学的灵活性和便捷性。学生可以根据自己的时间和节奏进行学习，教师也可以随时随地进行教学和辅导。特别是在疫情等特殊时期，线上教学平台更是发挥了不可替代的作用，确保了教育教学的连续性和稳定性。

教学方法的拓展和补充并不仅仅意味着引入新技术和新平台。更重要的是，我们需要不断更新教育观念，深化对教育教学本质的理解。无论技术如何发展，教育的核心始终是培养人、发展人、成就人。因此，在教学方法的创新过程中必须始终坚持以学生为中心，关注学生的全面发展，尊重学生的个性差异，努力创造更加适合学生的教学环境和方法。教学方法的拓展和补充也需要教师、学校、家长乃至整个社会的共同努力。教师需要不断学习和掌握新的教学技能，提高自身的教学水平和创新能力；学校需要提供必要的教学设备和资源支持，营造良好的教学氛围和文化环境；家长需要积极参与学生的教育过程，与学校和教师形成有效的教育合力；而整个社会也需要更加关注和支持教育事业的发展，为教学方法的创新提供广阔的舞台和无限的可能。

教学方法的拓展和补充是一个复杂而系统的工程，它涉及教育理念、教学技术、教学资源等多个方面。只要坚持以学生为中心，不断探索和创新，就一定能够找到更加适合学生、更加高效的教学方法，为培养出更多优秀人才贡献智慧和力量。同时，这些新兴的教学方法也将在不断的实践中得到完善和优化，为教育事业的长远发展注入源源不断的活力。

八、教学方法的实践意义

教学方法作为教育活动中的核心环节，其每一次的创新与变革都牵动着教师的心弦，更关乎着无数学生的未来。在深入探讨教学方法的实践意义时不难发现，这不仅仅是一次简单的教育手段更新，而是一场关于如何更好培养人、如何使教育更加贴近学生真实需求、如何助力学生走向全面发展的探索。

在这个信息化、多元化的时代，传统的教学方法已经难以满足现代学生的需求。学生渴望在更为广阔的知识海洋中遨游，期待在生动、有趣的学习环境中探索未知。因此，教学方法的创新显得尤为重要。它不仅能够为学生带来更加丰富多彩、吸引人的学习体验，更是点燃他们求知欲望的关键。例如，通过引入多媒体教学、情境教学、项目式学习等现代教学手段，可以让学生在互动与实践中感受到学习的乐趣，从而更加主动地投入学习。教学方法的创新对于培养学生的创新思维和实践能力具有不可替代的作用。在传统的教学模式下学生往往只是被动地接受知识，而在创新的教学方法中他们被鼓励去主动思考、动手实践。这样的转变不仅锻炼了学生的思维能力，更培养了他们的实践技能，这些技能正是未来社会所需的重要能力。无论是解决复杂问题，还是进行团队协作，都需要学生具备创新和实践的能力。因此，教学方法的创新实际上是在为未来社会培养更多具备这些能力的优秀人才。教学方法的创新并非一蹴而就，它需要广大教育工作者持续地探索、实践、反思和完善。每次尝试都可能带来新的启示，也可能面临挑战，但正是这些不断的努力推动了教育事业的蓬勃发展。在这个过程中，教师的角色变得尤为重要，他们不仅是知识的传播者，更是学生成长的引路人，他们的每一次努力都可能给学生的未来带来深远的影响。

除了教师的努力，教学方法的创新还需要得到社会各界的支持与鼓励。无论是学校、家长还是社会机构，都应该为教师提供一个宽松、自由的探索环境，让他们能够大胆尝试、勇于创新。同时，对于这些创新实践的成果，也应该给予充分的肯定和宣传，从而激励更多的人投入教学方法的创新。教学方法的创新还需要与时俱进，紧密结合时代的发展趋势，随着科技的进步和社会的变革，未来必定会出现更多新的教学工具和教育理念。因此，教学方法的创新不能停留在当前，而应该是一个持续不断、永无止境的过程。只有这样，教育才能始终走在时代的前沿，为学生提供最为先进、最为合适的教学服务。

教学方法的实践意义深远而重大，它不仅关乎学生的今天，更影响着他们的未来。因此，让我们携手共进，不断探索和实践教学方法的创新，为每个学生提供更为广阔、更加美好的学习天地，共同推动教育事业走向更加辉煌的明天。

九、共同开创教育事业的新篇章

在这个日新月异、充满变革的时代，教育的重要性比以往任何时候都更加凸显，教育不仅是知识的传递，更是心灵的启迪，是人格的塑造，是未来社会的基石。教学方法的创新已然成为教育发展的必然趋势，它引领着我们走向更加广阔的天地，探索更加高效的育人之道。

面对变革，我们不能故步自封，更不能抱残守缺，要以更加开放的心态去拥

抱这些变化，用更加积极的姿态去应对接这些挑战。每种新的教学方法都是一次对传统的突破，都是一次对未来的探索。这些创新不仅能够激发学生的学习兴趣，提高他们的学习效果，更能够培养他们的创新精神和实践能力，为他们的全面发展奠定坚实的基础。我们要携手共进，集思广益，汇聚各方的智慧和力量。教师要不断更新自己的教学理念，提升自己的教学技能，与时俱进，成为学生学习的引路人。家长要积极参与孩子的教育过程，与学校形成有力的教育合力，共同促进学生的成长。社会各界也要关心支持教育，为教育的发展创造更加良好的环境。在共同开创教育事业的新篇章中，我们更要注重实践的作用。实践是检验真理的唯一标准，也是推动教学方法创新的重要动力。我们要鼓励学生大胆尝试，勇于实践，让他们在亲身体验中感受学习的乐趣，发现知识的奥秘。同时，我们也要善于总结实践经验，不断完善教学方法，使其更加符合学生的实际需求，更加贴近时代的发展脉搏。

通过我们的不断探索和实践，相信一定能够找到更加适合学生发展的教学方法。这些方法能够充分激发学生的学习兴趣和潜能，让他们在轻松愉悦的氛围中茁壮成长。同时，这些创新的教学方法也将成为培养更多具有创新精神和实践能力的优秀人才的摇篮，为社会源源不断地输送新鲜血液。教育事业的改革与创新并非一蹴而就，它需要我们长期的努力和坚持。在这个过程中我们可能会遇到困难和挑战，但只要我们心怀信念，齐心协力，就一定能够克服前进道路上的障碍，共同开创出教育事业的新篇章。我们还应该关注教育公平问题，努力让每个学生都能享受到优质的教育资源。我们要打破地域、贫富等限制，让教育的阳光普照每个角落。这样，我们培养出来的人才将更具多样性和包容性，为社会的进步和繁荣作出更大的贡献。共同开创教育事业的新篇章是我们这个时代的重要使命，让我们携手并肩，以更加开放的心态拥抱变革，以更加坚定的步伐走向未来。

第四章　美育协同育人的路径探索

第五节　完善评价机制，助力美育发展

一、评价机制改革的必要性

在探讨课程体系改革时，评价机制作为关键环节直接影响整个改革的成效与提升。评价不仅贯穿教育教学的每一个环节，更引导学生的学习步伐和动机，影响他们的未来发展。

传统的教育评价体系在过去有其合理性和价值，特别是在以知识积累和应试为主的年代，它能够有效筛选出记忆力强、应试技巧高的学生。然而，这种评价模式也催生了"应试文化"，使学生学习动机从对知识的探索转向对高分的追求。这不仅改变了学生的学习态度，还侵蚀了教育的本质，培养出缺乏实践能力和创造力的"考试机器"。进一步审视这种模式，它使教育变得狭窄，将学生的进步简化为冰冷的分数，无法全面展现学生的综合素养和个性特长。结果是，许多学业优秀的学生在其他方面显得无所适从，面对真实世界时茫然无措。这些现象警示我们，传统教育评价体系已走到历史转折点，亟待深刻反思和全面改革。

新的评价体系应更加科学、多元、人性化，既衡量学生的知识掌握，又注重他们的创新能力、批判思维、实践能力及情感态度。同时，它需要灵活性和包容性，以适应不同学生的个性化需求，欣赏他们的独特之处，给予应有的认可和鼓励。只有这样，教育才能因材施教，让每个学生在最适合自己的环境中茁壮成长。特别是在美育方面，由于其成果难以用传统方式衡量，更需要一个开放的新评价体系去发现和欣赏学生在美育领域的进步和成就。

评价机制改革不仅是课程体系改革的重要一环，更是推动教育事业发展、培养新时代全面发展的必由之路。这一变革需要我们以开放的心态和积极的态度去拥抱和推动，使其成为引领教育走向美好未来的力量。

二、多元评价体系的构建

在现代教育体系中评价机制一直扮演着至关重要的角色，然而，随着社会的不断进步和教育理念的更新，我们越发认识到传统的以单一学术成绩为标准的评价方式已经无法满足学生全面发展的需求。因此，要完善评价机制，首要的任务是打破固有的评价框架，积极构建一个更加多元化、综合性的评价体系。这个全新的评价体系应该能够全方位、多角度地反映学生在知识、技能、情感态度以及价值观等各个层面的表现。

新评价体系的构建，不仅意味着评价内容的扩充，更代表着评价理念的转变。我们不再仅仅关注学生的课本知识掌握情况，而是将视野拓宽，特别突出对创新能力、实践能力和审美情趣等综合素质的评价。这样的评价体系更能够真实、全面地反映学生的个体差异和成长轨迹，从而为他们提供更加个性化、科学化的教育引导。

（一）推动多元评价体系建设，充分纳入学生艺术创作与表演成果

在当今社会，教育的目标已超越单一的知识传授，更加注重学生的全面发展和个性化成长。美育作为培养学生审美情趣和创造力的重要途径，其地位日益凸显。在推动多元评价体系的建设过程中，将学生的艺术创作和表演成果纳入评价范围，不仅支持学生的全面发展，更对此教育理念进行深刻革新。

学生的艺术创作和表演成果是他们内心情感和思想的直观表达，这些成果不仅凝聚了学生的努力，还体现了他们的独特视角和创造性思维。与以分数为唯一标准的传统评价方式相比，将艺术创作和表演成果纳入评价更加全面和人性化，能够更真实地反映学生的综合素质和潜在能力。

学校在实施这种评价方式时，应建立科学、公正、透明的评价机制。首先，要明确评价标准和依据，确保公平性和客观性。比如，对于绘画作品可以从创意构思、绘画技巧、色彩运用等方面进行综合考量，对于音乐演奏或舞蹈表演可以从表现力、技巧难度、艺术感染力等角度评价。其次，要采用多样化的评价方法，结合学生自评、互评以及教师评价，形成全方位的反馈。这种方法既增加了评价的准确性和可信度，也帮助学生更好地认识自己，明确努力方向。学校应为学生

搭建展示艺术创作和表演成果的平台,比如举办校园艺术节、作品展览、音乐会和舞蹈演出等活动,让更多学生有机会展示才华。这不仅提升学生的自信心和自豪感,还培养团队协作能力和社交技巧,同时丰富校园文化生活,营造积极向上的校园氛围。

将艺术创作和表演成果纳入评价范围,并不是要完全替代传统的学术评价,而是与之形成有益补充。学术成绩仍是衡量学生学习成果的重要指标,而艺术创作和表演成果则更全面地反映学生的非学术能力和个性特质。这种多元化评价方式有助于打破"唯分数论",推动教育朝更全面、个性化方向发展。这种评价方式是对学生个性化发展的一种尊重和鼓励。在传统教育模式下,许多学生的艺术天赋和兴趣爱好往往被忽视或压抑,而将艺术创作和表演成果纳入评价能够让学生在追求学习成绩的同时,也在自己热爱的艺术领域得到认可和发展。这种认可不仅是对学生个人能力的肯定,更是对他们独特个性和价值观的尊重,它激励学生积极探索潜能和兴趣,勇敢追求梦想。

将艺术创作和表演成果纳入评价还可促进教师教学理念的更新和教育方法的创新。为了更科学地评价这些成果,教师需要不断提升自身艺术素养和审美能力,同时在教学中注重培养学生的创新精神和实践能力,这种教学相长的过程无疑推动了整个教育系统的持续进步和发展。

将学生的艺术创作和表演成果纳入评价范围是建设多元评价体系的重要举措。它不仅更全面地反映学生的综合素质和个性特质,也激发了学生的学习兴趣和创造力,促进他们的全面发展。同时,这种评价方式革新了教育理念,助力教育系统朝更科学、人性化方向发展。因此,我们应积极探索实施这种新的评价方式,让每个学生都能在全面发展的道路上稳步前行。

(二)组织公开艺术活动与评价

教师除了在日常教学中进行多元化的评价,还可以通过策划和组织艺术展览、文艺会演等公开活动为学生提供更广阔的评价平台。这些活动不仅应成为校园内的盛事,更应搭建起学校与社会的桥梁,让学生的艺术成果在更广泛的社会环境中得到展示和客观评价。

公开艺术活动的策划与组织需要教师充分发挥创意和专业能力。活动内容可

以涵盖绘画、摄影、手工艺品、歌唱、舞蹈、戏剧等多方面。为确保活动的丰富性和多样性，应提前向学生征集作品和节目，鼓励他们积极参与、展示才华。这些活动可以定期举行，如每学期或每年一次，并积极邀请家长、社区居民及其他学校的师生共同参与，扩展观众群体，提供更多互动和学习机会。这种公开、透明的评价方式不仅为学生提供展示空间，还能锻炼他们的艺术技能和心理素质，提升自信心和舞台表现力。学生在实战中获得的掌声和肯定，是对他们努力的最好回报。公开艺术活动也是学校与社区建立紧密联系的重要纽带，可以展示学校教育成果和办学理念，促进校社合作。

这些活动对于激发学生的艺术兴趣和热爱具有重要作用，欣赏同学作品或感受舞台魅力能让学生体验艺术的魅力，成为他们未来的精神财富。公开艺术活动还培养了学生的团队协作精神和组织协调能力，他们在筹备过程中相互协作，懂得沟通和资源协调，这些能力对未来成长和发展十分重要。通过公开艺术活动拓宽评价方式和范围，教师应充分重视并投入策划与实施，为学生创造良好的成长环境。同时，学校可以与专业艺术机构或社区团体合作，引进更多高质量的艺术展览和演出，提升学生的艺术素养和审美能力。公开艺术活动作为艺术教育的重要组成部分，应得到重视和投入，学校应提供必要支持，鼓励更多教师参与，形成全员参与的良好氛围。只有这样，公开艺术活动才能充分发挥作用，为学生的全面发展作出积极贡献。

（三）专业艺术素养测评的引入

在现代教育全面发展的背景下，学生艺术素养的培养显得尤为重要。为更专业、系统地评估学生的艺术素养，学校应积极探索与创新评价模式，其中与专业艺术机构或知名学者的合作是一条值得探索的路径。

专业艺术机构和学者凭借其丰富经验和完善的评价体系，不仅可以定期开展艺术素养测评活动，还能为学生提供展示自我、了解自我的平台。在这些专业人士的指导下，学生能够参与科学、客观的测评，从而获得准确、全面的艺术素养反馈。这些反馈能够帮助学生认识艺术领域中的优势和不足，明确学习计划和发展目标，甚至为未来的艺术道路提供科学指导。引入专业艺术测评能在潜移默化中改变学校的艺术教育氛围，使其更多地关注学生的个体差异和成长需求。这种以人为本的教育理念无疑对学生的全面发展有深远影响。然而，成功实施这一模式需要学校、专业机构及学生家长的多方配合。学校应积极寻求靠谱的合作机构，确保测评活动的专业性和有效性。同时，还应做好与学生家长的沟通工作，使他们理解并支持这种评价模式。学生则需开放心态，抓住测评机会提升自我。

在实施过程中，需关注测评频次，避免过于频繁给学生带来压力，又确保不至于太少无法反映学生成长变化。另外，测评内容需兼顾全面性与针对性，涵盖艺术的各个方面并针对个体差异有效评价。最后，测评结果应转化为具体的教育行动，学校应建立反馈机制，指导学生后续学习规划，并根据结果调整课程体系，以更好地满足学生的成长需求。

专业艺术素养测评的引入是提升学生艺术素养的重要举措，不仅提供准确反馈和科学指导，还能推动学校艺术教育的专业化和系统化发展。通过学校、专业机构及家长的共同努力，一定能不断完善这一评价模式，激发学生对艺术的热爱，推动教育的持续进步。这个评价模式的引入也为学校与社会搭建新的桥梁，共同探索艺术教育的未来，促进教育改革和社会进步，让我们以开放的心态迎接新的教育时代。

三、评价机制改革的实施路径

（一）评价机制改革的重要性与参与方

评价机制改革是教育领域的一项关键性系统工程，对学生的全面发展和新时代人才的培养具有深远影响。在当前教育快速发展的背景下，传统评价方式的局限性越来越明显，无法全面、客观地评估学生的真实能力与潜力，因此推行评价机制改革势在必行。这项复杂而深远的改革需要学校、教师、学生和家长等多方共同努力，形成合力推动改革向前发展。

学校作为教育主阵地，在评价机制改革中扮演重要角色。学校不仅需要制订详尽的改革方案和实施计划，还要营造积极的改革氛围，鼓励师生勇于尝试、创新。同时，学校应加强与外界的沟通与协作，借鉴成功经验，不断完善自身的改革策略。教师是改革理念的直接传播者和实践者，其评价理念和方法的更新直接关系到改革成效。教师需要不断学习新知识、新技能，提高专业素养和评价能力，

从而更准确、全面地评价学生,发现他们的闪光点和不足,并提供有针对性的指导与帮助。

学生和家长也是评价机制改革中不可缺少的参与者。学生是评价的主体,他们的真实感受和需求是改革的重要参考,只有当学生积极参与评价过程,诚实反映学习情况和困惑,评价才能有的放矢、贴近实际。家长作为孩子成长的重要陪伴者,其关注与支持至关重要,家长需密切关注孩子的成长动态,与学校、教师保持沟通,共同为孩子的全面发展出谋划策。

社会各界也寄希望于评价机制改革的成功。教育专家、学者通过深入研究,为改革提供理论支撑和智力支持;企业、机构则通过提供实习、实践机会,帮助学生将理论知识转化为实践能力,以更好地适应未来社会需求。

评价机制改革的成功实施离不开学校、教师、学生和家长以及社会各界的共同努力和紧密配合,只有各方携手并进、形成合力,才能确保这项系统性工程顺利推进并取得实效。这不仅是对当前教育体制的一次深刻变革,更是对未来教育发展方向的重要探索。我们期待在这场改革中能够培养出更多具备创新精神和实践能力的新时代人才,为国家的繁荣富强和民族的伟大复兴贡献智慧和力量。

(二)学校层面的改革措施

在评价机制改革的广阔天地中,学校的重要性不言而喻。学校不仅是改革的执行者,更是设计者和引领者,直接影响着每个学生的全面发展和教育质量的提升。因此,学校应高度重视和周密规划这一改革过程。

学校应制订详尽的改革方案,这一方案不仅响应上级政策,还需结合学校实际情况体现独特的改革理念和思路。具体目标既要具前瞻性又要切实可行,如建立多元化评价体系、提升学生综合素质评价权重、优化教师的评价方式与标准等。每个目标需有明确的衡量指标,以便评估和调整。实施计划是改革方案落地的关键,学校需制定细致的实施步骤,明确改革措施的执行顺序、时间节点及责任人。例如,初期可以开展教师培训,提升其对新评价机制的理解和应用能力,然后逐步推行新的评价标准和方法,通过试点、反馈和修正的循环不断完善评价体系。

预期成果是改革方案的重要组成部分。学校在规划改革之初,应充分预想并阐述改革可能带来的成效,如学生综合素质的显著提升、教师评价能力的增强或

第四章　美育协同育人的路径探索

学校整体教育质量的跃进。明确预期成果有助于凝聚改革共识，并为改革过程中的决策提供指引。推进改革过程中，学校需注重数据收集与分析，通过对比各项改革前后指标，科学评估改革成效，及时发现问题并做出调整。此外，学校应借鉴其他学校的成功经验，结合自身实际，不断创新和完善改革措施。学校还应充分发挥家长和社会的力量，形成改革合力。通过家长会和社区论坛广泛听取意见和建议，增强改革透明度和公信力。同时，积极向家长和社会宣传改革理念和成果，以赢得更多支持和理解。

学校层面的评价机制改革是一场深刻的变革，依靠高度的责任感和使命感推进，确保每项措施落到实处，才能真正发挥效果。通过全面、系统的改革，学校将构建出科学、公正、有效的评价体系，为学生全面发展提供有力支撑；同时，推动整体教育质量的提升，为社会进步和发展培养出更多优秀人才。

（三）教师评价能力的提升

教师评价能力的提升是教育评价机制改革的核心，直接关系到教育改革的成败。教师作为评价机制的直接执行者，其评价理念和方法对学生的学习成果和未来发展具有深远影响。因此，教师需要不断更新评价理念，学习并掌握新的评价方法。

在快速发展的教育背景下，传统的单一考试成绩评价局限性明显，无法全面反映学生真实水平，甚至可能扼杀学生的创造力和多元智能。因此，教师应从多元化视角发现和评价学生的独特之处。新兴的评价方法如形成性评价和表现性评价为教师提供了更多选择。这些方法注重过程和真实情境中的表现，有助于全面评估学生能力。然而，了解和掌握这些方法仅是第一步，教师还需通过系统培训和实践不断提升评价能力，通过实际教学不断尝试、反思和调整，将新理念和方法内化于心，外化于行。

在提升评价能力过程中，教师需特别注意三点：一是评价必须客观公正，不受个人喜好和偏见影响；二是评价应注重学生个体差异，采用多样化评价方式，确保每个学生得到公正和有针对性的评价；三是评价应与教学紧密结合，形成良性互动和循环，以发现教学问题，改进教学策略，促进学生发展。提升教师评价能力不仅有助于学生，也对教师专业发展意义重大。通过参与评价改革，教师不

断更新知识和技能，提高教学水平，实现自我价值提升。这也是教师适应新时代教育发展的必然要求，只有不断学习和进步，才能跟上时代步伐，为培养优秀人才贡献力量。

教师评价能力提升是教育评价机制改革成功的关键，需要教师更新评价理念，学习新方法，并通过培训和实践不断提升。这是一个长期且持续的过程，需要教师不断努力和坚持，才能构建更科学、全面、有效的教育评价体系，为学生全面发展提供有力支持。

（四）学生和家长的积极参与

学生和家长在评价机制中的积极参与是提升教育质量、促进学生全面发展的重要环节，他们能够为评价提供真实、及时的反馈，并为完善评价体系贡献宝贵的意见和建议。

学生作为学习的主体，对自身学习情况有着直接和深刻的感受。他们应积极参与评价过程，保持诚实和客观的态度，反映自己在学业、情感、社交等方面的情况和感受。这样，评价结果才能更准确地反映学生的真实状态，为教学改进提供有力依据。家长在孩子成长过程中作用重大，不仅是孩子的第一任教育者，还是成长道路上的重要引路人。他们的关注和支持对孩子的学习和发展有着重要影响。在评价机制中，家长也应发挥积极作用，了解孩子在学校的表现及其对学习的态度和感受。他们的意见和建议源自对孩子学习情况的直接观察和深入理解，能为学校和教师提供重要参考，帮助了解学生学习需求，进行针对性的教学改进。

学生与家长的积极参与为评价机制的持续完善注入动力。他们对评价体系的优劣有直接感受，反馈和建议对体系改进具有极高价值。学校和教育部门应重视学生和家长的意见，及时调整评价机制，使其更符合学生发展的实际需求，贴近教育教学实际。学生和家长在评价中的互动还促进了家校合作，增进彼此理解和信任，共同为学生的成长创造和谐、有利的环境。家长支持学校工作，学校关注家长需求，形成强大教育合力，推动学生全面发展。学生和家长在评价机制中的积极参与不仅保障自身权益，也是对教育体系的重要贡献。他们诚实客观地反映情况，提出宝贵建议，与学校和教师共同推动评价机制完善。在这一过程中，学生、家长、学校和教育部门形成紧密的教育共同体，共同为学生的全面发展创造更好环境，推动教育不断进步。

四、评价机制改革的意义与展望

（一）评价机制改革的深远意义

评价机制的改革是教育领域一场深刻的变革，其具有深远的影响。这一改革不仅作用于学生个体的艺术素养和审美情趣的培养，还在宏观层面对整个教育体系的完善起到了关键的引领作用。在传统教育模式中，评价往往局限于单一的考试成绩，忽视了学生多元化才能和个性需求的培养。这种"一刀切"的方式限制了学生潜力的全面挖掘，甚至使教育走向应试和功利化。评价机制改革旨在打破这一僵局，引领教育走向更加科学、全面的新时代。

改革的核心在于推崇多元化、个性化的教育理念。它鼓励从多个角度审视学生，关注的不仅是知识掌握，更是艺术修养、审美情趣及创新思维的发展。这样的评价模式让学生有机会展示才华，使教育更贴近学生的需求和兴趣。在多元化评价机制的推动下，学生能够全面认识自己，发掘潜能和兴趣，不再受单一考试成绩束缚，自由探索和发展。这种转变将极大地激发学生的创造力和想象力，为培养具备创新精神和实践能力的新时代人才奠定基础。

评价机制改革对整个教育体系的完善具有重要的推动作用。随着评价方式多元化，教育体系将逐渐摒弃应试教育的弊端，朝更加科学、人性化的方向发展。这不仅提升了教育质量，更让教育回归其本质——培养全面发展的人。改革还影响着教师和学生的心态。在传统评价模式下，大家过于关注分数，忽视了对知识深入理解和实际运用能力的培养。而新的评价机制引导教师和学生更加理性地看待分数，将精力投入提升综合素质和拓展知识视野。这种心态的转变，有助于培养健康的教育生态，促进教育事业可持续发展。

评价机制改革需要持续探索和实践。在实施中，我们既要借鉴国内外成功经验，又要结合实际情况进行创新，只有这样才能确保评价机制改革落到实处，发挥应有效能。这一改革不仅对学生的全面发展具有深远影响，更是推动整个教育体系进步的关键力量。它标志着教育从单一走向多元、从应试走向素质的

崭新阶段，也描绘了一个更加科学、人性化的教育未来。在这场改革推动下，我们相信，未来教育将更加贴近学生需求，有助于培养具备创新和实践能力的新时代人才。

（二）改革引领教育新时代

随着时代进步和社会发展，教育改革成为迫切需求，评价机制改革作为重要一环正深入推进。我们满怀期待地迎接一个教育新时代，这不仅是形式的变革，更是理念的升华，预示着教育将更加贴合学生的真实需求，助力学生全面发展。传统教育模式过于注重单一学术成绩，忽视了学生的个性化需求和多元化发展。如今，随着评价机制改革，教育开始关注学生的个体差异和独特性格。这种转变不仅让教育变得更加人性化，也极大地激发了学生的学习热情和创造力。新时代的教育更加注重学生全面发展，除学术能力，艺术修养、审美情趣和人文关怀等方面也得到前所未有的重视。课程如音乐、美术、体育的地位提升，使学生在学习知识的同时感受艺术的魅力和体育的精神。这种全方位教育模式有助于学生的身心健康，培养出具有高尚情操和健全人格的公民。

在这个新时代，每个学生都将在美的熏陶下茁壮成长，不仅在学术上取得突破，更在艺术修养和审美情趣上有所提升。他们学会欣赏美、创造美，为未来的职业生涯奠定基础。更值得一提的是，新时代教育强调人文关怀。过去，教育过于功利化，忽视了学生内心世界的关注。如今，教育真正走进学生内心，倾听他们的声音和需求，学校变成了充满温情和关爱的大家庭，教师不仅传授知识，更成为学生成长路上的引路人和知心朋友。

随着评价机制的改革深入，我们迎来一个充满希望和活力的教育新时代。在这个时代，每个学生都将得到更全面和个性化的教育，他们的学术能力、艺术修养、审美情趣及人文关怀等方面将显著提升。我们相信，在新时代的引领下，每个学生都能绽放出属于自己的独特光彩。

这个教育新时代对教育工作者提出更高要求，他们需要具备扎实的专业知识，不断更新教育理念，提高教学能力。教育改革是一个长期而复杂的过程，需要全社会的共同努力和持续投入。只有政府、学校、家庭及社会各界积极参与，我们才能真正迎来一个美好教育新时代。

第四章　美育协同育人的路径探索

（三）评价机制的完善助力课程体系改革

评价机制的完善是课程体系改革不可或缺的重要一环。科学、全面的评价体系能够确保课程体系改革的目标得以有效实现。通过构建多元评价体系，能够更加全面、客观地评价学生的学业成果和综合素养。同时，实施科学的评价方法和路径，可以进一步确保美育成果得到社会的广泛认可，从而激发学生的创造力和综合素养，为培育新时代全面发展的人才提供有力支撑。

（四）展望未来，美育发挥更重要的作用

展望未来，我们满怀信心地预见到，美育将在教育领域中扮演越来越重要的角色。这一趋势的形成，离不开评价机制的持续完善与创新。评价机制作为教育改革的引领者，正逐步将美育理念融入其深层次结构，从而确保教育全面发展的目标得以实现。

评价体系的日益完善为美育的蓬勃发展提供了坚实的支撑。传统的以分数为唯一标准的评价方式已经无法满足现代教育的需求。如今，我们更加注重对学生综合素质的评价，其中就包括了美育方面的素养。通过丰富多样的评价手段，如艺术作品展示、文艺比赛、社会实践等，能够更加全面、客观地评估学生的美育成果，从而激发他们的学习热情和创造力。在这样的背景下，每个学生都将在更加广阔的教育舞台上展现自己的才华和潜力。无论是擅长绘画的学生，还是热爱音乐的学生，抑或是对舞蹈充满热情的学生，他们都能在美育的照耀下找到属于自己的定位。学校将不再仅仅是传授知识的场所，更将成为学生展示才艺、实现梦想的摇篮。

美育的深远影响不仅局限于学生个体，它还将为整个社会的进步和发展注入源源不断的活力。通过美育的普及和深入，我们将培养出更多具有创新精神和实践能力的人才，他们将以独特的视角和感知力去洞察世界，以美的创造力去推动社会进步。这样的力量是无穷的，它将引领我们走向一个更加文明、开放、包容的未来。我们也要认识到，美育的发展需要全社会的共同努力和持续投入。政府应加大对美育事业的扶持力度，制定相关政策，确保美育在教育领域的地位得到进一步提升。学校则应不断完善美育课程体系，提高教师教学水平，为学生提供更加优质的美育资源。家长也要重视对孩子的美育教育，鼓励他们积极参与各类

艺术活动，培养良好的审美情趣和生活态度。我们还应积极拓展美育的国际交流与合作，通过与国际先进教育理念的碰撞与融合，能够吸收借鉴更多优秀的教育经验，推动我国美育事业迈上新的台阶。这不仅将提升我国教育的国际竞争力，还将为构建人类命运共同体贡献出中国智慧和力量。

第六节　师资队伍建设助力美育发展

在全面推进素质教育的今天，美育作为培养学生综合素质的重要组成部分正日益受到广泛关注和重视。教师作为美育实施的关键力量，肩负着培养学生审美能力和创造力的重要使命，他们的素养和教学能力直接关系到美育工作的质量和效果。因此，加强师资队伍建设，提升教师的美育素养和教学能力，成为当前教育工作的重点。

教师不仅是知识的传授者，更是学生审美情感的引导者和创造力的激发者。教师的言传身教对于学生形成正确的审美观念、培养高雅的审美情趣具有潜移默化的影响。因此，提升教师的美育素养，就是提升美育工作的源头活水。加强师资队伍建设需要从多个方面入手。首要的便是开展系统的美育培训。通过组织教师参加专业的美育研修班、研讨会等活动，让他们接受前沿的美育理念和教学方法的熏陶。这些培训应该涵盖美育的基本理论、教学实践技能以及跨学科融合等方面的内容，帮助教师构建起完整的美育知识体系，并能够将美育有机地融入日常教学中。需要搭建教师之间的交流平台，鼓励教师走出课堂，与其他同行进行深入的探讨和交流。通过分享各自的教学经验、案例分析以及教学反思，教师可以相互启发、取长补短，共同提升美育教学的水平。此外，还可以利用现代信息技术手段，如建立教师社群、在线论坛等，打破时间和空间的限制，让教师随时随地进行交流和学习。

除了专业培训和交流学习，还需要建立一套科学的评价体系和激励机制，来肯定和鼓励教师在美育方面所作出的努力和成绩。通过定期的教学评估、优秀美育教师评选等活动，让教师的付出得到应有的认可，从而激发他们更加投入于美育事业的热情和动力。同时，也要为教师提供充足的职业发展空间和机会，让他们能够在美育领域不断深耕，实现自我价值的最大化。我们还应该注重培养教师的创新精神和实践能力。美育是一门需要不断创新的学科，只有具备创新精神的教师，才能够引领学生在美的海洋中自由遨游。因此，要鼓励教师勇于尝试新的教学方法和手段，不断探索符合学生身心发展规律的美育路径。同时，也要通过组织丰富多彩的实践活动，如学生美育作品展、校园文化艺术节等，让教师有机会将美育理论与实践相结合，从而在实践中不断锤炼和提升自己的教学能力。

在师资队伍建设的过程中，还需要关注教师的心理健康和职业发展规划。美育工作虽然充满乐趣和成就感，但同时也需要教师付出大量心血和努力。因此，要关心教师的身心健康，为他们提供必要的支持和帮助。同时，也要引导教师做好职业发展规划，让他们明确自己的发展目标和方向，从而更加有针对性地提升自己的美育素养和教学能力。

加强师资队伍建设是提升美育工作质量的关键，只有打造出一支高素质、专业化、创新型的美育教师队伍，才能真正发挥美育在培养学生综合素质方面的重要作用，为培养更多具有审美情趣和创造力的优秀人才奠定坚实基础。因此，必须将师资队伍建设作为美育工作的重中之重，持之以恒地推进和落实。

一、系统开展美育培训

系统开展美育培训在当前教育背景下尤为重要，这不仅是艺术教育，更是全面培养学生综合素质和实现全面发展的关键途径。各地区应全力推进美育培训，从根本上提升教师的美育水平。首先，要建立一个完善的培训体系，包括设定培训目标、规划培训内容、选择培训方式和评估培训效果等环节。培训目标应明确，提高教师的美育理论知识和实践教学能力；培训内容需紧扣实际需求，覆盖美育理念、教学方法、教材分析等，为教师全面掌握美育核心要素打下基础。

在培训方式上，要注重多样性和实效性。除了传统授课模式，还可尝试线上教学及工作坊等灵活形式，便于教师选择合适的学习方式。借助现代信息技术，如虚拟现实和增强现实，打造沉浸式培训体验，使教师更直观地理解美育教学。

实践环节设计尤为重要，通过教学观摩和实战演练，让教师在实践中学习和反思，提升教学能力。

培训结束后，需建立长效跟踪评估机制，通过定期教学督导和教师反馈，了解实际教学情况和问题，并提供有针对性的支持，确保培训效果持续发挥，为未来美育教学提供参考和借鉴。

系统美育培训还需社会各界的支持，政府应加大投入力度，提供政策和资金保障，同时引导企业和社会团体参与，共同推动美育事业发展。尽管任务艰巨，但只要各地区、各部门和全社会共同努力，通过系统培训，必定能真正提升教师的美育水平，推动教育系统持续改进和创新。因此，我们必须坚定信心，迎难而上，以热情和扎实的工作共同开创美育事业的美好未来。

二、搭建教师交流平台

搭建教师交流平台是提升教育质量、促进教师专业成长的关键。在当今教育环境下，教师之间的交流与合作越发重要，不仅拓宽教育视野，还能加强资源共享，推动教育系统持续进步。

教师交流平台为教师创造了展示自我、锤炼技艺的机会。通过定期举办的教学比赛，教师能够展示教学水平，激发不断追求卓越的动力。在准备比赛的过程中，教师深入研究教学方法，精心设计教学方案，从而自我提升。成果展示也是交流平台的重要组成部分，教师可以分享美育教学的探索与实践成果，与同行进行深度交流，汲取灵感，发现不足，调整教学策略。这种展示和分享有助于教师不断反思与改进。

教师交流平台还打破了传统教学的地域限制，促进了跨校、跨地区的交流与合作。不同学校、不同地区的教师能够聚在一起探讨教育问题，分享经验，拓宽视野，了解更多的教育理念和方法。这种跨界交流不仅促进教育资源均衡分布，还推动教育系统的公平与进步。教师交流平台提升了教师的美育热情和创新精神。在平台上，教师接触到新颖的教学理念和方法，感受到同行的激情与活力，从而激发对美育事业的热爱，积极投入教学工作。教师在交流中尝试新方法，探索更适合学生的教学模式，推动美育教学创新发展。

搭建教师交流平台对于提升专业素养、推动教育进步具有深远意义。它为教师提供了展示自我、相互学习的舞台，也是激发热情、孕育创新的摇篮。未来应继续完善和发展这一平台，让更多教师受益，共同为培养全面发展的人才贡献智慧和力量。

三、建立美育激励机制的重要性与实践探索

在当前教育背景下，美育作为培养学生全面发展的重要途径已经受到越来越多人的关注。然而，让美育在教育中发挥其独特作用，建立一套行之有效的激励机制至关重要。这种机制不仅能够鼓励教师在美育领域持续深耕，还能进一步推动整个美育事业的蓬勃发展。

众所周知，教师是美育工作的主体力量，他们的积极性、主动性和创造性直接影响着美育教学的质量与效果。因此，通过设立合理的奖励措施，可以极大地激发教师投身美育事业的热情。这些奖励可以是物质层面的，如提供丰厚的课时费、设立专项奖金等，也可以包括精神层面的，如授予荣誉称号、颁发证书等。无论是哪种形式的奖励，都能让教师感受到自己的付出得到了肯定和回报，从而更加坚定地走在美育探索的道路上。除了奖励措施外，为美育教师提供更多的职业发展机会也是激励机制的重要组成部分，包括组织定期的美育教师研修班、邀请专家学者进行授课指导等，以帮助教师提升专业素养和教育教学能力。此外，还可以搭建平台，鼓励教师之间开展交流研讨活动，分享各自的教学经验和心得体会，这样不仅能够拓宽教师的视野，还能促进优秀教育资源的共享与传承。

建立美育激励机制对于推动美育事业的发展具有十分重要的意义。通过物质奖励、荣誉认证以及提供职业发展机会等措施，可以有效地激发教师投身美育工作的积极性和主动性，培养更多具有美育素养和创新能力的优秀人才。同时，各地区还应结合自身实际情况，不断探索和完善美育激励机制的具体举措，以形成更加科学、系统、有效的激励机制体系，为美育事业的蓬勃发展注入源源不断的动力。

四、校外教育资源整合

校外教育资源在美育协同育人体系中扮演着关键角色,随着社会进步与发展,校园之外的教育资源日益丰富多样,为学生提供了广阔的学习和体验空间。有效整合这些资源不仅能丰富学校教育,还能全面提升学生的审美素养和综合能力。

博物馆和艺术馆等文化机构是最具代表性的校外教育资源,它们珍藏着大量珍贵文物和艺术品,通过与这些机构合作,学校可以为学生提供直观感受艺术之美、深入了解文化的平台。例如,通过"校馆合作"项目,某市定期让学生走进博物馆和艺术馆,在专业讲解员的引导下,近距离观赏各种艺术品,并亲身体验艺术创作。学生不仅能开阔眼界,还能在亲身参与中感受到艺术创作的无穷魅力。这种沉浸式学习体验对提升学生审美素养和文化认知有显著效果。通过与专业艺术家的交流,学生了解到艺术创作的艰辛,培养起对艺术和创作者的尊重。

除了文化机构,社会上的各种资源也是美育的重要补充。企业和社会团体往往拥有独特资源和优势,能够为美育项目提供支持。例如,一些企业可以提供资金赞助,帮助改善美育教学设施,或资助学生参加艺术竞赛和展示活动;社会团体则可提供志愿服务,协助组织美育实践活动,为学生提供展示才华的舞台。引导社会力量参与美育,不仅拓宽了美育资金来源,也促使更多人关注和支持美育事业。

信息技术的发展使网络美育资源成为学生学习的重要渠道。网络资源便捷且个性化,学生可根据兴趣随时学习各种美育知识。学校可以开发网络美育课程,利用多媒体技术呈现生动的教学内容,建立网络美育社区,鼓励学生分享作品和心得,形成积极向上的网络美育氛围。

校外教育资源整合在美育协同育人中不可替代,通过与博物馆、艺术馆等文化机构的合作,让学生直观感受艺术;引导企业和社会团体参与,为美育注入活力和资源;开发网络美育资源,满足个性化学习需求,让学生提升审美素养。这些措施构成了多元化、立体化的美育育人体系,为学生全面发展奠定了坚实基础。

随着社会进步和技术创新，校外教育资源整合将面临更多机遇和挑战。我们要继续探索和实践，不断完善和优化整合机制，确保这些资源真正助力学生成长，培养出具备高尚审美情操和创新能力的优秀人才。

五、家庭教育指导

家庭是孩子美育的起点和归宿，通过精心的家庭教育，家长可以成为孩子美育路上的引路人和得力助手。首先，需要向家长普及美育的理念和方法。虽然许多家长重视教育，但在美育方面可能缺乏系统的认识。通过讲座、研讨会等形式，向家长传递美育的核心价值，帮助他们了解美育在孩子全面发展中的重要性。同时，也需分享具体的美育方法，例如如何引导孩子欣赏艺术作品，鼓励孩子发挥创造力进行创作，以及在日常生活中融入美育元素等。

在提升家长美育意识的基础上开展亲子美育活动显得水到渠成，这些活动不仅提供了一个共同参与的平台，还能深化对美育的理解。例如，家长可以与孩子一起参加绘画工作坊，或共同制作手工艺品，体验创作的乐趣。通过这些活动，家长与孩子的情感交流得以增进，家庭氛围更加和谐。

家庭美育需要与学校美育有机结合，共同促进孩子的全面发展。因此，建立家校共育机制至关重要。学校可以定期与家长沟通，了解孩子在家庭中的美育情况，同时向家长反馈孩子在学校的美育进展，从而形成教育合力，确保美育在家庭和学校之间得到有效衔接。

某幼儿园通过定期举办"家长美育沙龙"为家长创造了交流学习的良好环境。在沙龙活动中，幼儿园邀请专业艺术教师为家长提供艺术鉴赏指导，家长不仅学到了欣赏艺术作品的方法，还领略了艺术背后的文化内涵。此外，沙龙还设置了手工制作环节，教授家长一些简单而富有创意的手工技巧，家长可以在家中与孩子一起进行手工制作，享受亲子共创的欢乐时光。

该幼儿园鼓励家长与孩子共同参与创意制作。在沙龙活动的启发下，家长纷纷发挥想象力，与孩子一起创作了许多独特的手工作品。这些作品展示了孩子的创造力和审美能力，也体现了家庭美育的丰硕成果。通过这种形式，家庭美育得到了有效开展，家长在孩子美育中的作用越发凸显。

通过家庭教育指导，可以帮助家长成为孩子美育的得力助手。从普及美育理念和方法，到开展亲子美育活动，再到建立家校共育机制，每一环节都旨在促进家庭美育的深入发展。实践案例为我们提供了参考，展示了家庭美育的无限可能和美好前景。让我们携手努力，共同为孩子绘制绚丽多彩的美育画卷。

第七节　总　结

在当今社会，美育已经成为教育领域不可或缺的一部分。本章通过对美育协同育人多种路径的深入剖析，进一步凸显了美育在培育全面发展人才中所扮演的重要角色。我们坚信，美育不仅是传授艺术知识和技能的过程，更是一种深化个体内心世界、提升审美情趣和创造力量的全方位教育。

在探讨美育协同育人的过程中，我们认识到美育的实施并非孤立存在，而是需要与学校教育体系、社会文化环境以及家庭教育等多方面因素紧密结合。这种协同育人的理念，强调的是各种教育资源和教育方式的相互融合与共同作用。例如：学校可以通过丰富多样的艺术课程和活动，为学生提供感受美、创造美的平台；社会则通过博物馆、艺术馆等公共文化设施，为大众提供领略艺术之美、提升审美素养的空间；家庭则是培养孩子审美情感的最初场所，家长的引导与示范对于孩子形成健康的审美观至关重要。正是基于这样的理解，我们更加明确了美育协同育人的重要性。美育协同育人不仅能够促进学生的全面发展（包括认知、情感、态度与技能等多个方面），还能够培养学生的创新思维和批判精神，从而帮助他们更好地适应未来社会的多元挑战。同时，美育协同育人还有助于传承和弘扬民族优秀传统文化，增强学生的文化自信和民族自豪感。在未来的探索中，我们将继续深化对美育协同育人理念的研究，不断拓宽美育的实践领域。这包括但不限于以下四个方面：一是进一步完善学校美育课程体系，确保每个学生都能接受到高质量的艺术教育；二是加强学校与社会文化机构的合作，利用社会资源丰富学校美育内容；三是提升教师的美育教学能力，培养一支既懂艺术又懂教育的专业化教师队伍；四是引导家长重视并参与孩子的美育过程，形成家校共育的良好氛围。

我们还将积极探索美育与科技、美育与环境等跨领域的融合创新。随着科技的迅猛发展，数字化、网络化、智能化等新技术为美育提供了前所未有的可能性和挑战。我们将努力把握这些机遇，利用现代科技手段拓展美育的教学方式和学习体验，让学生在更加广阔的艺术天地中自由翱翔。我们也意识到美育在培养环保意识、促进可持续发展方面所具有的潜在价值。将美育与环境保护教育相结合，可以引导学生更加关注自然美、生态美，从而培养他们珍爱自然、保护环境的自觉行动。

美育协同育人是一个不断发展、充满活力的研究领域。我们期待着更多有志之士加入这一伟大事业中来，共同为推动美育事业的发展、培养具有高尚审美情操和创造力的新一代贡献自己的智慧与力量。我们相信，随着美育协同育人理念的深入人心和实践的不断创新，一定能够培养出更多既具备扎实知识技能又拥有丰富精神世界和强大创造力的优秀人才，为构建更加美好的社会作出积极贡献。

第五章　美育协同育人的挑战与对策

美育协同育人融合艺术与教育的先进理念，近年来在我国教育界引起广泛关注。它不仅是教育方法的更新，更是教育观念的时代性转变。在这一模式下，不仅追求学生知识积累，更重视情感世界的丰富、人生态度的塑造以及价值观的完善。通过全方位、多角度的美育，期望培养出既有扎实知识基础又具高尚审美情趣和创新精神的全面发展人才。

在实施过程中，美育协同育人面临诸多现实挑战，包括观念束缚、资源分配问题和实践操作困扰。传统教育观念轻视美育，认为其可有可无，导致美育在学校教育体系中处于边缘化地位。资源不足和分配不合理也制约了美育的发展。美育教学强调实践性、体验性和创新性，需要专业化的教学设备、材料和空间，但很多学校因教育投入不足而资源匮乏。此外，师资队伍建设滞后也是一大难题，美育教师数量和质量远不能满足需求，高素质和专业能力的美育教师匮乏，现有教师的培训和发展也未得到足够重视，影响了教学理念、方法及专业素养的提升。

针对这些挑战需从多个层面提出解决策略。首先是转变观念。美育不是附属品，而是通过艺术陶冶情操、开阔视野、提升综合素养的教育。美育培养学生欣赏美、创造美，更重要的是心灵升华和思想深化，塑造创新精神、批判思维和团队协作能力。应通过宣传教育，引导教师和家长正确认识美育的价值，将其视为教育体系中不可或缺的一部分。在课程设置、教学资源分配和评价体系上，美育应与其他学科同等重视。教育部门应出台政策、保障实施，学校应探索美育与其他学科融合的教学模式，家长应理解并支持美育。

第五章　美育协同育人的挑战与对策

资源保障是美育教学的重要基石。美育教学需要特定设备和材料，因此需要政府财政预算的持续支持，优化预算管理，确保资金专款专用。此外，引入社会资本，通过捐赠或投资支持美育；整合社会资源，通过与公共文化机构、艺术家等合作，丰富教学内容和实践活动；校际间资源共享与合作，以互补和高效利用资源。这些都有助于美育教学的发展。

师资建设是美育教育的核心。提升美育教师的数量和质量是当务之急。提高教师待遇和地位，设立奖励基金，增强职业吸引力。与高校、艺术团体合作，建立培养输送渠道，确保教师来源。同时，加强现有教师的持续培训，结合美育发展趋势，提升教学理念和方法。利用现代科技手段，如网络平台和虚拟现实技术进行培训，丰富培训内容和形式，激发教师教学热情和创新精神。

需探索美育协同育人的实践路径与方法创新。在教学方式上，将传统与现代相结合，运用信息技术丰富教学内容；在评价体系上，构建科学全面的评价指标体系，客观反映学生美育成果；在协同合作上，加强学校、家庭与社会之间的沟通与联动，共同营造优良的美育环境。美育协同育人尽管面临诸多挑战，但通过正视问题并积极寻求解决之道，可以推动其向前发展。这既需要教育者的不懈努力与智慧投入，也离不开全社会的共同支持与参与。

第一节　挑战分析

一、课程体系不完整带来的育人难题

（一）美育与其他课程的割裂现状及其影响

在当前教育体系中，美育常被视作附加课程而非核心组成部分，这不仅限制了美育的发展，也影响了教育的整体效果。美育被简单视为锦上添花的补充，忽略了其在培养学生创新思维、情感表达及多元文化认知上的重要作用。因此，在课程设置和资源分配上美育常被边缘化，未得到应有的重视。更严重的是，美育

与其他课程和公共基础课之间存在明显割裂的情形,缺乏有机联系和整合,这不仅限制了美育的潜力,也阻碍了学生综合素质的提升。

这种割裂对美育的深入发展构成障碍,使其难以突破传统框架,无法实现创新。同时,美育在应对现实问题时也显得力不从心。此外,美育与整体教育目标的脱节也是一个问题。教育的目标是培养全面发展的人,但由于美育与其他课程的割裂,这一目标难以实现,学生无法形成对美的全面认知,也无法将审美能力融入其他学习和职业中。

为解决美育与其他课程的割裂问题,需从教育体系的顶层设计入手,明确美育在教育目标中的定位,并将其融入各学段教学计划。教育部门应制定政策,鼓励学校打破学科壁垒,探索美育与其他学科的融合,如将艺术融入数学、科学等科目。另外,加强师资培训也至关重要,提升教师对美育的认识和教学能力,确保美育在课堂中的有效实施。同时,应鼓励教师之间的跨学科合作,共同研发创新性的美育教学案例。学校还应利用社会资源,与文化机构合作,为学生提供美育实践平台。通过多样化的艺术活动和校外教学,让学生亲身体验艺术的魅力,将美育成果应用于生活和职业中。

解决美育与其他课程的割裂问题需要全社会的共同努力,建立开放、多元、融合的教育环境,以充分发挥美育在培养全面发展人才中的作用。只有如此,才能推动教育体系的持续进步,培养出更加全面和富有创造力的人才。

(二)美育在协同育人中的困境

在协同育人的大背景下,我们追求的是一个全面、均衡且高效的教育发展体系。其中的每一门课程都应相互支撑,从而形成强大的教育合力,以推动学生的全面发展。然而,美育在这一框架中其独特的育人价值常被忽视,使得美育在教育体系中显得孤立,难以与其他教育元素相融合。

美育不仅关乎艺术教育,更深层地,它是一种情感与人文的教育。它的目标是培养学生的审美情趣,深化他们对美的感知、欣赏与创造能力。同时,美育对于陶冶学生情操,丰富他们的精神世界,助力形成健全的人格具有不可替代的作用。因此,将美育真正融入协同育人的体系中,不仅是对美育价值的认可,也是提升整体教育质量的关键。

第五章　美育协同育人的挑战与对策

为了充分发挥美育在协同育人中的作用，需要对当前的教育课程体系进行深入的反思与调整。必须深刻剖析美育与其他课程的内在联系，找到它们之间的融合点，确保美育能够与其他课程紧密结合，共同为学生的全面发展贡献力量。现实情况是美育在教育体系中的实施仍面临诸多挑战。为此，教育部门、学校、家庭和社会都需要共同努力。教育部门应加强对学校美育工作的监督，确保其得到足够的重视；学校应对现有的课程设置进行调整，为美育提供充足的教学时间和空间；而加强美育师资队伍的建设也刻不容缓，通过培训、引进人才等方式，提升美育的教学水平。

创新美育的教学方法也至关重要。可以利用现代技术手段，如多媒体和网络教学来丰富美育的教学形式，从而激发学生的学习兴趣。同时，鼓励其他学科的教师与美育教师合作，开发融合课程，使学生在各种学科中都能感受到美的存在。另外，家庭和社会也不能缺席。家长应重视孩子的美育培养，为他们创造更多的艺术实践机会。而社会则应营造一个浓厚的文化氛围，使美育成为全社会共同关注的焦点。

美育在协同育人中的价值不言而喻，需要全社会共同努力，确保每个学生都能在协同育人的环境中接受到全面系统的教育，从而成长为具有审美情趣和创新思维的优秀人才。只有这样，才能真正实现协同育人的宏伟目标，培养出更多全面发展的人才，为社会的进步贡献力量。

二、师资队伍不完善引发的教学质量问题

美育教育的成功与否在很大程度上依赖师资队伍的质量。然而，当前的美育师资建设尚存在诸多不足，若不重视和改进，这些不足将成为提升教学质量的障碍。

美育教育不仅是技艺的传授，更是培养学生审美能力、创造力和文化素养的途径。因此，美育教师不仅需要专业的艺术技能，还需要深厚的人文素养和教育理念。然而，现阶段具备这种全面素质的教师并不多见。一些教师在专业技能方面有长处，但在教育理念和人文素养上则显得不足，这影响了美育教学的深度和广度。美育师资队伍的结构性问题不容忽视。高级美育人才缺乏，领军人物的欠

缺使队伍缺乏方向和动力。同时，基层美育教师的数量和专业水平参差不齐，一些地区甚至空缺。这种结构失衡不仅影响了美育教学的正常开展，也制约了教学质量的整体提升。继续教育和培训机制的不完善也是一大问题。社会快速发展，美育理念和方法不断更新，但针对美育教师的系统培训项目不足，使许多教师难以跟上时代步伐，无法将最新理念和方法融入教学。

待遇和发展空间也是影响师资建设的重要因素。美育教师相较于其他主科教师在薪酬待遇、职称晋升等方面常处于不利地位，影响了他们的工作积极性和职业荣誉感，也导致优秀人才流失。提升美育教学质量，需要从源头上加强师资队伍建设，包括提高教师全面素质、优化队伍结构、完善培训机制以及改善待遇和发展环境。

美育教师数量严重不足是一个普遍问题，尤其在偏远地区和农村学校，专业美育教师稀缺，通常由其他学科教师兼任。这种临时解决方案虽然缓解了师资短缺问题，但长远来看对美育教育的专业性和教学质量造成了影响。美育在教育体系中重要性日益凸显，但实施效果常因师资队伍质量参差不齐而大打折扣。一些教师在艺术领域有深厚的造诣，但在课堂教学和学生互动时显得力不从心，缺乏系统的教学设计和组织能力，使得课堂氛围沉闷，学生参与度低，教学效果受到影响。这种现状的根源在于美育教师的培养和引进机制存在不足。专业培训和教育更新未被重视，导致教师面对新的教学理念和方法时无所适从。引进标准不严，部分不具备全面教学能力者进入师资队伍，拉低了整体质量。

要改变现状，首先需建立完善的美育教师培训体系，定期组织系统的教育教学理论和实践技能培训，帮助教师掌握最新教学理念和方法，提升实践能力；其次是提高美育教师引进门槛，确保具备专业素养和教学潜力的人才进入师资队伍；再次还应构建科学的教学评价机制，定期评估教师教学效果，及时纠正问题；最后鼓励教师之间教学交流，共同探索最佳实践，推动教学质量持续提升。提升美育师资质量是长期任务，需要持续投入和不断完善。教育部门、学校和社会各方应共同承担责任，为教师提供成长机会和资源支持，如设立美育教师发展基金，搭建交流平台，促进教学经验共享，提升整体水平。

应重视对学生和家长的美育宣传教育，形成学校、家庭和社会共同推动美育发展的格局。在加强师资建设的同时,还需深入研究美育教育本身,不断更新教育理念和方法,通过实践总结经验、反思提炼理论丰富和完善美育教育体系。

随着科技的发展,新技术和新媒体在教育领域的应用越来越广泛。美育教育可以借助互联网、虚拟现实等技术手段突破传统课堂的时空限制,为学生提供丰富多彩、交互性强的学习体验。这对教师的信息素养和技术应用能力提出了更高要求。因此,建设美育师资队伍时还需注重提升教师信息技术应用能力,适应教育信息化发展趋势。

提升美育师资质量需从全面培养、严谨引进、科学评价和持续创新等多方面综合施策,构建高素质、专业化的美育师资队伍,为培养具有审美情趣和创造力的人才提供坚实基础。

三、考试压力过大导致美育边缘化

在当下应试教育的大环境下,学生与教师似乎都被束缚在了一张无形的考试网中。这张网如同泥沼,让人深陷其中难以自拔。我们不禁要问,这样的教育环境究竟带来了什么?

学生为了应对接踵而至的考试,常常要牺牲休息和娱乐的时间,投入无休止的题海战术中。他们背负着家长和老师的期望,每一次考试的成绩都如同是对自己价值的一次评判。这种压力对于心智尚未成熟的学生来说是沉重的,甚至会导致他们产生厌学情绪。更为深远的影响是应试教育在无形中改变了教育的本质与方向。教育本应是培养学生全面发展、提升综合素质的过程,但在应试教育的笼罩下渐渐演变成对单一的分数追求。教师为了提高学生的考试成绩,不得不将教学重点放在应试技巧上,而忽略了对学生创新思维和批判性思考能力的培养。这种偏离教育本质的现象,长此以往,必将对学生的未来产生不良影响。他们可能在考试中取得了优异的成绩,在面对现实生活中的问题时却束手无策。这样的"高分低能"显然不是我们所期望的教育结果。

因此,必须深刻反思当前的应试教育环境,努力寻找改革之路,让教育回归其本质,真正成为培养学生全面发展的沃土。只有这样才能培养出既具备扎实知识,又拥有创新精神和实践能力的优秀人才。

（一）应试环境下的双重压力

当今时代，应试环境重压在学生和教师心头，其根源在于对高分的狂热追求，使得分数成为衡量一切的标准。学生为了进入好学校、享受更优质的资源，不得不为分数而奋斗，但这样的追求常让他们忽视了真正的兴趣和个性发展，陷入机械式学习。同样，教师也承受着巨大压力，除了传授知识，还需在升学竞争中为学生争得一席之地，导致教育偏离本质，过分强调应试技巧和答题策略，而忽视了学生的思维能力、创新精神和实践能力。

这种压力也源于对升学的渴望和对未来的不确定性。高学历被视为获取好工作和社会地位的关键，因此学生和家长都迫切追求优异成绩。然而，这种单一的升学导向限制了学生的多元发展，加剧了教育资源的不均衡。同时，社会对未来的不确定性让人们更加看重眼前的考试成绩，仿佛只有高分才能为未来提供保障。

应试环境下的双重压力无处不在，影响着教育的每一个参与者。但我们必须认识到，这种压力并非无法抗拒。通过深化教育改革，推动多元化的教育评价体系，以及提升全社会的教育意识，有望缓解这种压力。教育应该回归其本质，使学校真正成为培养人、发展人、成就人的地方，而不是一个单纯追求分数的竞技场。只有这样才能培养出既有知识又有创新精神和实践能力的全面发展的人才，为社会做出更大的贡献。

（二）美育生存空间被挤压

在当下，教育偏向应试和成绩，美育教育被忽视。随着考试压力增大，学生课业负担加重，美育教育空间被严重挤压。许多学校将美育视为"副业"，远未得到重视。

这种偏差的根源在于对美育认知不足。美育不仅是培养艺术技能，更是心灵的熏陶。它能让学生在繁重学业中找到精神寄托，培养独立思考和创新能力。但在现实中这些价值被忽视，美育被视作锦上添花，非教育核心。因此，美育在课程安排中课时被压缩，甚至被取消。教师也缺乏教学热情，内容乏味，难以激发学生兴趣。更严重的是，美育在家庭和社会层面也被忽视。

美育缺失对学生全面发展不利。追求高分可能让学生失去对生活的热情和对美的追求，变成应试机器。这与培养全面发展人才的初衷相悖。必须正视美育的尴尬地位，并采取措施改变。学校应调整课程设置，确保美育有足够时间和资源。同时，加强美育教师培训，提升教学热情和专业素养。家长需更新观念，支持孩子参与艺术活动。还需在全社会营造尊重艺术、欣赏美的氛围，通过艺术活动提升社会对美育的认可度。

美育教育不应被忽视，它是学生全面发展的重要一环。只有通过全社会的共同努力，美育才能真正摆脱被挤压的境地，发挥其应有价值。需要重新审视教育体系，平衡应试和美育的关系，让学生在追求知识的同时，也能培养对美的追求和创造力。这样才能培养出既有知识又有情感和艺术修养的全面发展的人才。这是教育的真正目标，也是我们对未来的期待。

（三）学生的美育缺失

在快节奏、高压力的学习环境中，学生背负着沉重的课业和升学竞争压力，导致他们往往忽视美育课程。然而，美育是培养学生审美情趣和创造力的重要途径，缺失它会影响学生的全面发展。

许多学生对艺术、音乐有浓厚兴趣，但面对应试和升学压力，他们不得不将大部分精力投入应试科目，美育活动被束之高阁。长此以往，学生的审美情趣和创造力受限，失去了发现和欣赏生活中美的能力。即使接触艺术作品，也难有深层次共鸣。教育的目标是培养全面发展的人，但现实中智育被过分强调，美育被忽视。这种偏颇观念需纠正，学校和社会应创造更多美育机会，如开设艺术选修课程、组织艺术社团和活动，让学生在忙碌学习之余感受艺术熏陶。家长也应转变观念，支持孩子参与美育活动，培养审美情趣和创造力。美育不仅提高学生艺术修养，更开阔视野、培养敏锐观察力和丰富情感世界。这些品质对人的一生都至关重要，使人们面对挑战时更加从容自信。

美育缺失是值得深思的问题。在课业和升学压力下，不能忽视美育的重要性。学校、家长和社会应共同努力创造更多美育机会，让学生全面发展，成为更优秀的人。只有这样才能培养出有扎实知识基础、审美情趣和创造力的新一代青年，为国家和社会贡献力量。

美育是教育不可或缺的一部分，它关乎学生的全面发展。面对现实压力，不能忽视美育的价值。通过学校、家长和社会的共同努力可以为学生创造更多接触

和参与美育活动的机会,帮助他们开阔视野、丰富情感,成为更加优秀的人。这样才能培养出全面发展的新一代青年,为社会的进步贡献力量。

(四)教师的教学重心偏移

在当前教育体制中,考试已成为衡量学习成果和教学质量的重要准则。这种现象不仅影响学生的学习态度和方法,更塑造了教师的教学行为。在追求升学率和高分的压力下,许多教师的教学重点已偏移。

为了考试成绩,教师更侧重于数学、语文、英语等主科,忽视了如音乐、美术等旨在培养学生审美情趣和创造力的美育课程。尽管美育对学生全面发展至关重要,能培养学生的想象力、创新力和批判性思维,但在现实压力下美育课程常被边缘化。这种偏移导致美育的育人价值被大大削弱,学生的审美情趣受限,创新思维受阻。同时,学生的全面发展也受影响,学习变得功利化,忽视了内心和情感的培养。这种教育模式可能培养出学业优秀但人格发展不健全的学生。此外,这也可能影响教师的职业发展,使其知识结构单一,教学能力发展不均衡。

教师的教学重心偏移已成为教育领域需关注的问题。为了学生的全面发展和教育的长远进步,必须重新审视和调整教育评价体系,平衡应试和素质教育的关系,确保美育得到应有的重视。受考试制度影响,教师的教学重心偏移,对学生和教师的负面影响已显现。需要重新思考教育的真正目标,即不仅是追求高分,更要培养全面发展的学生。调整教育评价体系,重视美育课程,才能为学生的未来创造更多可能性,也为教师提供更广阔的发展空间。只有这样才能创造一个更加全面、均衡的教育环境,培养出既有知识又有情感和创新能力的新一代。

因此,应从制度层面进行改革,确保每种教育形式都得到应有的关注,让每个学生都能在全面培养的环境中成长,让每个教师都能在多元化的教学领域中发展。

第五章 美育协同育人的挑战与对策

第二节 对策建议

一、重构美育课程体系，实现跨学科融合

（一）顶层设计与美育课程体系重构

在当前许多国家和地区的教育体系中，美育课程体系的建设存在不足和不完善之处。为了解决这一问题，需要从顶层设计的层面对美育课程体系进行系统性重构。这种重构不仅仅是简单修补现有课程体系，而是要重新审视、重新设计美育课程，使其在整个教育体系中占据重要地位，实现培养全面发展人才的目标。顶层设计是美育课程体系建设的基础，是对整个教育体系进行全局性、高层次规划的重要步骤。它决定了美育在整体教育体系中的地位，为美育课程的具体实施提供了指导方向。

教育政策的支持是重构美育课程体系的关键：国家和地方政府应制定鼓励和推动美育发展的政策，并将其纳入教育改革框架；教育预算中应增加美育课程的资金支持，确保其有效实施；政府和教育部门应推进美育课程在学校中的落实，将其纳入必修课程体系，并设定学分要求；教育政策文件应明确各级学校对美育课程的要求和考核标准，确保其不流于形式。教学大纲的制定是重构美育课程体系的重要环节：教学大纲应明确美育课程的教育目标、内容、教学方法和评价方式，保证其全面性和系统性；教学大纲应涵盖音乐、美术、舞蹈、戏剧等多种艺术形式，注重理论与实践相结合，提高学生的艺术体验和审美能力。教育理念的更新是重构美育课程体系的必要条件：教育理念应将美育与德育、智育、体育相提并论，将其视为教育的重要组成部分；教师和家长应加强对美育重要性的认识，形成全社会支持美育教育的良好氛围。资源配置与保障机制是重构美育课程体系的保障；教育部门应增加美育教育经费，培养美育教师，完善教学设施，确保美

育课程的有效实施；建立科学、合理的美育教育考核和评价体系，对美育课程的实施情况进行监督和评估。课程设置与内容的丰富是重构美育课程体系的关键：课程设置应以学生兴趣和需求为导向，涵盖多种艺术形式；课程内容应注重理论与实践相结合，提高学生的艺术体验和审美能力。校内外互动与合作是重构美育课程体系的重要方式：学校可以与文化艺术机构建立合作关系，组织学生参观艺术展览、邀请艺术家进校园交流，丰富学生的艺术体验；学校还可以与社区文化机构和社会团体合作，共同开展美育教育活动，推动全民美育的发展。国际交流与合作是重构美育课程体系的重要途径：通过与国际教育机构和文化艺术机构合作，借鉴他们的经验和做法，提升本国美育课程质量；组织学生和教师赴国外交流访问，开阔国际视野，提升艺术素养和审美能力。研究与评估是重构美育课程体系的重要环节：加强美育课程的研究，开展科学评估，为美育课程体系的完善提供理论支持和实践指导；通过研究和评估，及时发现和解决问题，推动美育课程的不断优化和提升。

通过以上措施的全面实施可以实现美育课程体系的重构，为培养全面发展人才奠定坚实基础。必修课程和学分考核系统的设立，能够确保美育课程得到足够重视，提高学生的审美素养和艺术素养。

（二）学科融合与综合性教学模式

学科融合和综合性教学模式在当前教育体系中显得越来越重要。这种模式不仅需要重新设计课程，还要求对整个教育系统进行根本性重构，以促进学生的全面发展。美育课程需与其他学科和公共基础课程深度融合，建立真正的跨学科教学模式。

例如：在理工科课程中引入设计美学，不仅能提升学生的审美能力，还能让他们在工程设计中考虑产品的外观，激发创造力和审美与实用性之间的联系；文学课程中增加艺术欣赏模块，学生可以通过绘画、音乐、舞蹈等形式表达对文学作品的理解，从多角度理解文学作品，培养综合素质；在体育课中融入舞蹈或其他艺术表现形式，也能丰富学生的精神生活。构建这种融合教学模式并非易事，教师需要具备跨学科的知识和教学能力，不仅精通自己的专业，还要熟悉其他学科知识。学校应为教师提供培训和支持，例如，定期组织教师参加跨学科培训，建立跨学科教学团队共同设计和实施教学。学校还需提供丰富的资源和灵活的教学安排，如在设计美学课程中提供实际操作案例和多媒体资源，在文学和艺术课程中增加艺术活动和比赛。

家长和社会的支持也至关重要。他们需要理解并支持这种教学模式，认识到艺术教育对全面发展的重要性。通过这种综合性教学模式，学生能体验和感受艺术的魅力，不仅可以提高艺术素养，还促进了知识、技能与情感态度价值观的全面发展。

最终目标是培养全面发展的学生，让他们具备跨学科的思维方式，从不同角度解决问题。例如，工程师不仅需要工程知识，还需要美学知识和人文素养，科学家需要发现和创造美的能力。同时，这种模式还能培养团队合作能力，学生在跨学科项目中学会与不同学科背景的同学合作，在团队中发挥自身优势。尽管面临课程设计和实施的难度，教师综合素质要求高等挑战，跨学科综合性教学模式仍应得到积极推广。实践证明，这种模式不仅提升学生的综合素质和能力，还能激发学习热情和创造力，对全面发展具有重要作用。通过教师、学校、家长和社会的共同努力，跨学科综合性教学模式将在未来教育中发挥更大作用，为学生的全面发展奠定坚实基础。

（三）知识、技能与情感态度价值观的全面发展

美育课程旨在全面提升学生素质，为其未来奠定坚实基础。它不仅涵盖知识、技能和情感态度价值观三个层面，还通过跨学科融合，促进学生多方面发展。

在知识层面，美育课程提供了丰富的学习内容，从绘画、音乐到摄影和电影，包含深厚的历史和文化。例如，通过学习中国画与西方油画，学生能深刻理解不同文化的艺术差异，这拓宽了学生的视野，并为他们提供了多元思考角度。在技能层面，则着重于艺术实践和欣赏能力。美育课程通过实际操作，如绘画、音乐演奏等，提升学生的艺术技巧和审美能力。同时，学生也学会了用艺术表达情感，增强了自信和表达能力。在情感态度价值观层面，美育课程的作用更为显著。艺术能激发学生深层情感，通过与艺术作品共鸣，培养积极向上的情感和正确的价值观。例如，通过欣赏凡·高的《星夜》，学生能感受到艺术家的坚韧与希望。

新时代下，美育课程需重构并加强跨学科融合。传统美育常局限于单一学科，

忽视了艺术与其他学科的联系。而跨学科融合能将艺术与文学、历史、地理、科学等结合，构建全面的美育体系。这不仅激发了学生的学习兴趣，还培养了他们的跨学科思维和综合素质。例如，艺术史与历史结合能让学生更好地理解艺术作品的历史背景，建筑艺术与科学结合能让学生了解建筑设计的工程原理。

美育课程的跨学科融合还培养学生的团队合作精神和沟通能力。在综合实践活动中，学生通过小组合作和集体创作锻炼了团队合作和沟通协调能力。这种学习方式也提高了学生的社交能力和人际关系处理能力。美育课程通过系统的学习和实践，以及跨学科的融合，全面提升了学生的知识、技能和情感态度。这种全面发展的美育课程是培养创新型人才的关键，它不仅是艺术教育的重要部分，更是实现素质教育目标的重要途径。因此，应进一步重视和完善美育课程体系，为社会的全面发展奠定坚实基础。通过美育的熏陶能培养出既具备专业知识又拥有良好情感态度和价值观的创新型人才，为社会进步贡献力量。

二、加强师资队伍建设，提升美育教学质量

（一）优化招聘机制，吸引优秀人才

提高美育教育质量，首先需要建立科学、公正的招聘机制，吸引更多优秀的美育教育人才。优化招聘机制应从以下几个方面入手：

（1）设立多层次专业测试。招聘过程应包括多角度、多层次的考察。笔试评估应聘者的知识结构和理论水平，涵盖艺术教育理论、教学法、教育心理学等方面；面试则考查其语言表达、逻辑思维和应对突发情况能力，可通过模拟课堂教学展示其教学风格和方法。实际操作和展示环节，应聘者通过现场创作、音乐演奏或舞蹈表演展示专业技能，考查其创作思维和实践能力。对于部分关键职位，还可通过实地考查全面了解其工作表现和适应能力。

（2）推进国际化招聘。在全球化背景下，吸引具备国际视野、拥有丰富教学经验的优秀人才至关重要。可通过全球网络平台和专业招聘网站如LinkedIn、Indeed发布招聘信息，或在国际学术会议、艺术展览宣传。同时，与全球知名艺术院校建立长期合作关系，举办招聘说明会和联合招聘活动，吸引国际优秀人才。通过国际教育交流项目，加强与国外教育机构合作，提升学校国际化水平。

（3）确保招聘过程透明公正。建立多层次的评审机制，包含校内外专家、学生代表等，从不同角度进行全面评估。招聘公告应明确职位、职责、条件和评审标准，评审过程详细记录并公示最终结果。引入第三方监督机制，如教育主管部门或行业协会监督评审过程，确保公正性。同时，设立合理的申诉机制，维护应聘者权益。

（4）提供良好发展环境和待遇。制定具有竞争力的薪酬体系，并根据教师表现设立绩效奖励制度。提供丰富专业发展机会，如组织国内外学术会议、艺术展览、研讨会，提升教师专业水平和国际视野；提供进修培训机会，不断提高教师综合素质。建立职业发展通道，设立职称评定体系、青年教师培养计划、导师带教制度等，帮助教师快速成长。营造和谐工作氛围，提供现代化教学设施和科研条件，定期组织文体活动，提升教师满意度和归属感。

（5）加强教师团队多样性和跨学科合作。吸引不同背景优秀人才，组建多样化教师团队。美育教育可与文学、历史、哲学等学科跨界合作，丰富课程内涵和形式。引入不同文化背景教师，提供多元学习体验。通过团队合作机制，促进教师交流合作，提高教学质量。

（6）建立教师绩效考核和评价体系。成立考核委员会，负责制定考核标准和实施细则，全面考核教师的教学、科研、艺术创作和服务工作。定期进行考核，及时反馈结果，作为职称评定、绩效奖励、晋升的重要依据，激励教师追求卓越。

优化招聘机制，吸引优秀人才，是提高美育教育质量的关键。通过科学的专业测试、国际化招聘、透明公正的聘用过程、提升教师待遇和多样化合作，以及科学合理的绩效考核和评价体系，可为美育教育注入新的活力，不断提升整体水平。只有吸引和留住优秀美育人才，才能培养出更多具有艺术素养和创新能力的学生。

（二）加强专业培训，提升在职教师素养

加强专业培训，提升在职教师素养，是当前教育系统不可或缺的重要组成部分。尤其在美育领域，教师的专业水平和教学能力直接决定了美育教学的质量。因此，重视在职美育教师的培训，形成系统性和综合性的培训机制，不仅是提升教师个人能力的需要，更是提升整个教育体系质量的关键。

定期研修与交流是专业培训不可或缺的一部分。通过组织国内外专业研讨会、

工作坊和艺术交流活动，美育教师可以接触到最新的教学方法、艺术动态和国际前沿知识，这种知识和经验的积累对教师在课堂互动、作品解析、实践操作等多个方面都有积极的作用。继续教育与进修是提升在职教师学术水平和科研能力的有效途径，通过与国内外知名艺术院校、培训机构合作，提供高质量的进修机会和专业认证课程，使教师能够在稳步提升学术水平的同时，积累丰富的教学经验和研究成果。例如，与知名院校合作开设高级研修班，可以提高教师的实际操作能力和获得专业认证，提升学术界和教育界的认可度和影响力。内部培训与互助是教师专业发展的内在驱动力，学校可以定期开展校内的教学研讨和示范课，通过互评互学的方式，促进教师之间的经验交流和技能提升；另外，可以通过设立教学科研小组，鼓励教师合作开展教学研究项目，共同探讨和解决教学中的实际问题，增强团队意识和合作精神。

此外，还有一些更为细化和具体的措施，例如：

（1）建立教师个性化发展档案。为每位教师建立详细的档案，根据他们的背景和需求，提供个性化的培训和进修机会。

（2）实行导师制。邀请领域专家担任导师，一对一地进行指导和培养，提高教学质量和水平。

（3）开展校际合作与交流。通过校际合作和交流，教师可以分享教学经验和资源，提升教学水平和能力。

（4）引进和借鉴国际先进教学资源。通过与国际教育机构和艺术团体的合作，引进先进教学理念和方法，帮助教师开阔视野。

（5）建立激励机制。对于在培训和进修中表现优异且在教学中取得突出成果的教师，给予奖励和表彰，鼓励其不断追求卓越。

（6）信息化技能培训。通过信息化技能培训，帮助教师熟练掌握多媒体教学工具和网络课程设计，提高信息化教学能力。

（7）心理辅导与压力管理培训。通过心理辅导和压力管理培训，增强教师的抗压能力和心理素质。

（8）实践与创作培训。通过艺术实践活动，提升教师的艺术创作能力和艺术修养。

通过定期研修与交流、继续教育与进修、内部培训与互助以及其他相关措施，形成系统性、综合性、全方位的培训机制，全面提升在职美育教师的专业素养和教学水平。这不仅是提升美育教学质量的关键环节，也是实现教育现代化、培养创新人才的重要途径。只有不断提高教师的教育素养，才能更好地发挥美育在培养全方位发展的国家栋梁和创造力人才中的独特作用。

（三）建立完善激励机制，激发教师热情

随着社会对美育的日益关注，如何充分激励美育教师在教学和创作上的积极性，成为教育管理者的关键任务。为了调动教师的积极性和创造力，应构建多元化的激励机制，覆盖绩效、职业发展及心理支持等方面。

建立科学的绩效奖励制度对提升教师的工作积极性至关重要，根据教师的教学成果、学术研究和学生反馈，可设立"教学优秀奖""科研创新奖"和"学生喜爱教师奖"等，以此激发教师的教学与科研热情，并促进师生互动，提高教学质量。另外，为美育教师制定贴合其个人理想与职业目标的发展规划也必不可少，通过个性化的职业规划，结合导师指导和多样的职业发展机会，如晋升、出国学习或学术会议，不仅有助于教师个人成长，还能加强其职业归属感。教师的心理健康直接影响着教学质量与职业幸福感，建立完善的心理健康支持体系，包括定期心理辅导、危机干预和团队活动，对于缓解教师压力，增强团队凝聚力至关重要。

在晋升与激励的结合机制上，应确保晋升过程的合理、公正与透明，为杰出教师提供晋升机会。同时，建立激励评价机制，定期评估教师的教学与科研表现，及时反馈并调整激励政策。此外，构建多元化的社会荣誉体系，并向社会推荐优秀教师，如此不仅树立了典范，也提升了教师的社会地位。

为了更有效地实施这些激励机制，一个透明、公开、公正的评价体系是必不可少的。通过综合评价，为每位教师量身定制激励政策，确保措施与个体需求及职业发展目标相匹配。同时，通过定期的教师满意度调查，收集反馈并优化激励措施，使其更具针对性和实效性。管理层在激励机制的实施过程中应发挥督导和评估作用，定期检查激励措施的落实情况，并根据教师反馈进行调整，以确保激励机制的科学性、合理性和可操作性。

通过构建涵盖绩效奖励、职业发展、心理关怀等多元化激励机制，可以全面激发美育教师的工作热情。这不仅能够提升教师的专业素养和教学水平，还能增强其职业幸福感和归属感，从而打造出一支高素质的美育教师队伍。这将为学生带来更优质的美育教育，促进其全面发展，实现教育与美育的深度融合。

三、缓解考试压力，为美育教育创造宽松环境

现代社会中教育面临着巨大的压力和挑战。随着升学竞争的日益激烈，学生和家长在追求高分和名校的道路上迷失了方向，而学习的初衷和真正的育人目标却被忽视。这种考试压力不仅对学生的心理健康和全面素质发展产生了负面影响，还对美育教育的推广和实施造成了严重冲击。因此，为了缓解考试压力对美育教育的冲击和影响，需要从多方面入手进行必要的改革和调整。

第一，必须改革现行的考试制度，降低对单一考试成绩的过度依赖，增加对学生综合素质和能力的全面评价。目前，我国的教育体系中，升学考试是选拔学生的重要手段，这种单一的评价方式导致了应试教育的盛行，学生为了追求好成绩而疲于应付各种考试，甚至产生了严重的考试焦虑。在这种情况下，艺术教育很容易被边缘化、弱化，无法得到应有的发展。因此，应当借鉴国外先进的教育理念和实践，逐步建立综合评价体系，注重学生德智体美劳等全面发展，实施多元评价标准，包括平时成绩、学科竞赛、社会实践、艺术才能等多方面的综合评价。通过这样的制度改革，能够引导学生和家长认识到美育教育的重要性，进而缓解考试压力，使学生有更多的时间和精力投入艺术学习和创作中，从而更全面、更健康地发展。

第二，丰富美育教育的形式和内容，为学生提供多样化的学习机会和展示平台，让他们在轻松愉快的氛围中感受艺术的魅力，培养审美情趣和创新能力。传统的美育教育形式通常较为单一，主要集中在美术、音乐等学科，教学内容也相对简单，缺乏创新性和趣味性。这种状况不仅难以激发学生的兴趣，还容易让他们对美育教育产生厌恶情绪。因此，应当积极探索和创新美育教育的形式和内容，将艺术与其他学科相结合，开展跨学科的综合性艺术教育课程。例如，可以通过艺术与历史、文学、科学等学科的结合，开设艺术史、科

学美学等课程,激发学生对艺术的兴趣和热爱。同时,还可以借助现代科技手段,利用多媒体、虚拟现实等技术,营造更加生动、有趣的学习环境,使学生在互动体验中感受艺术的魅力,培养他们的艺术素养和创造力。此外,还应当增加美育教育的实践环节,组织学生参加各种艺术展览、演出、比赛等活动,为他们提供展示和交流的平台,使学生在实践中锻炼自己的艺术能力,增强自信心获得成就感。

第三,教育部门和学校应当肩负起重要责任。教育部门可以制定相关政策,提供资金和资源支持,推动美育教育的发展;学校可以通过合理的安排课程,为艺术教育开辟更多时间和空间,配备专业的艺术教师和设备,为学生创造良好的艺术学习环境。同时,教师也要不断提升自己的专业素质和教学能力,与时俱进,积极采用新的教学方法和手段,提高美育教育的质量和效果。

缓解考试压力,为美育教育创造宽松环境是一项系统工程,需要各方面的共同努力和配合。通过改革考试制度、丰富美育教育内容、加强家校合作等措施,可以逐步解决美育教育面临的挑战,为学生的全面发展和幸福成长创造更好的条件。

第三节 总 结

本章详细探讨了美育教育的重要性以及其在当前教育体系中面临的各种挑战,并提出了一系列具体的应对策略。在现代社会,教育不仅要培养学生所学知识和技能,更要促进学生的全面发展,美育教育在培养学生的情感、审美和创造力方面具有独特的价值。然而,当前教育体系普遍存在对美育教育重视不足的现象,这主要体现在:美育课程地位偏低、师资力量薄弱、应试教育压力大以及缺乏社会支持等。为了解决这些难题,采取全面而系统的措施势在必行。

一是,通过顶层设计与课程体系重构来提升美育的地位。教育主管部门需要从政策层面积极推动美育教育的普及和提升,将美育纳入核心课程体系。应制定

明确的教学大纲和课程标准，确保美育课程在学校教育中的重要性。通过跨学科的综合教学模式，将美育与其他学科有机融合，培养学生的综合能力和全面素质。例如，在语文、历史等课程中引入艺术鉴赏和分析，为学生提供多角度的学习体验，激发他们的创造力和想象力。二是加强美育师资队伍建设。教师是实施教育的关键，提升美育教育的质量首先要保证教师的专业素养。教育部门和学校应优化招聘机制，吸引更多具备艺术专长和教学能力的优秀人才。对现有教师进行系统的专业培训，提升他们的专业水平和教学技巧。三是建立合理的激励机制，鼓励教师在美育教学中不断创新，如给予优秀教师表彰和奖励，提供更多的职业发展机会和平台。四是改革考试制度，减少对单一考试成绩的过度依赖。当前的教育评价体系过分注重考试成绩，忽视了学生的个性发展和综合素质培养，应逐步构建多元化的评价机制，将美育教育纳入学生综合素质评价体系中。在考试内容和形式上进行改革，增加艺术类科目的分值和考试频次，采用过程性评价和综合评价等多种手段，缓解各方的考试压力，为美育教育创设更加宽松和支持的环境。

通过社会各界及家校之间的合作，共同营造美育教育的良好氛围和支持体系。教育不仅是学校的责任，更需要家庭和社会的参与和支持。家长应改变对美育课程的认识，积极参与孩子的美育学习过程，给予精神和物质上的支持。社会各界应加强对美育教育的关注和投入，鼓励企业和公益组织资助和参与美育活动，为学生提供更多的艺术实践机会和展示平台。这些措施的综合发力，有望推动美育教育在培养全面发展、具备创新能力及健全人格的人才中的作用，实现教育的长远发展目标。通过提升美育教育在整个教育体系中的地位，打造高素质的师资队伍，改革考试制度，并建立良好的社会支持体系，美育教育将不再是教育中的薄弱环节，而是学生成长过程中重要的组成部分。经过持续的努力和改进，美育教育将发挥更加积极和产生深远的影响，培养出具有综合素质、创新能力和健全人格的新一代人才。

第六章　美育协同育人的未来展望

随着社会的不断进步，全球化进程的快速推进以及教育理念的不断更新，美育在教育体系中的地位和作用日益凸显。美育不仅是提升个体审美能力的重要手段，更是培养全面发展的新时代人才不可或缺的环节。通过美育协同育人，教育不仅能够传授知识与技能，还能够培养学生的情感、态度和价值观，使其成为具有全面素养的现代公民。因此可以预见，美育协同育人在未来教育体系中的地位将会越来越重要，迎来前所未有的发展机遇。

美育协同育人有助于培养学生多元化的思维方式和创新能力。在全球化背景下，知识的界限变得模糊，多元文化的相互交融使得教育需更加开放和包容。因此，通过美育课程和活动，学生可以接触到不同文化、艺术形式和美学观念，激发他们的创造力与想象力。这不仅有助于培养学生的艺术素养，还能够启发他们在其他学科领域的创新思维能力。传统教育往往侧重于知识的传递和技能的训练，而美育注重的是情感、态度和价值观的培养。通过艺术实践和审美体验，学生能够在情感上得到滋养，培养积极向上、乐观开朗的心态。此外，美育还强调个性的表达和自我的认识，这有助于学生在成长过程中发现自我价值，形成健全的人格和独立的思想。艺术和美是人类文明的重要组成部分，是沟通心灵、增进理解的重要桥梁。通过美育协同育人，学生不仅能够提高对美的感受力和鉴赏力，还能够培养尊重多样性、包容差异的社会意识，这将在未来有助于构建更加和谐的社会氛围，促进社会的进步与发展。

在新时代教育体系中，美育协同育人可以定位为具备独特功能的教育模式，

与智育、德育、体育等共同构成完整的教育体系。具体而言，美育可以植根于各学科教学，通过学科融合的方式，把美育的理念和方法渗透到各个教学环节中。例如，在语文课中教师可以通过文学作品的欣赏来提高学生的审美情趣，在历史课中教师可以通过历史遗迹和艺术品的讲解来增强学生对文化多样性的认识。此外，学校还可以引入更多的艺术实践课程，如音乐、舞蹈、绘画等，让学生在亲身体验中感受艺术的魅力。随着社会的发展和教育理念的进步，美育协同育人将在未来教育体系中发挥更加重要的作用。它不仅能帮助学生在审美能力和创新能力上取得长足进步，还能推动他们的全面发展，为社会的和谐进步注入新的活力。在这一过程中，我们需要不断探索和实践，使美育协同育人的理念更加深入人心，成为新时代教育的重要组成部分。

第一节　未来趋势预测

一、技术革命下的美育新形态

随着人工智能（AI）技术的快速发展，艺术教育正经历深刻的变革。人工智能技术，特别是深度学习和神经网络，为艺术创作和教育注入了新的活力。例如，Google 的 DeepDream 项目可将自然照片转化为异域和超现实风格的艺术画作，使学生能够体验并创作出大师级风格的作品。这种互动式学习有助于学生更深入地理解和掌握艺术理论，摆脱传统教育的束缚，激发学生的创意和探索欲望。

人工智能技术在艺术教育中还承担辅导和协助角色，提供个性化反馈，帮助学生改进创作，并引导他们不断优化作品。此外，人工智能技术还催生了新的艺术形式和表达方式，如利用生成对抗网络技术生成前所未见的艺术作品，为学生提供了新的灵感来源和实践机会。

虚拟现实技术则为艺术教育开辟了新天地。学生通过虚拟现实头盔和动作传感器可身临其境地"进入"名画世界，近距离观察笔触和色彩变化，如凡·高的《向日葵》。这种沉浸式体验使学生更深刻地理解作品，激发对艺术的热情。同时，虚拟现实技术还使学生能"参观"世界各地博物馆和美术馆，无须亲临现场，节省时间和费用，打破地域限制。这提高了教育的公平性，使优质艺术资源得以广泛共享，特别对偏远或经济欠发达地区的学生意义重大。

增强现实技术则为艺术学习提供了前所未有的交互体验。学生通过手机、平板或增强现实眼镜，可在现实世界中叠加虚拟艺术元素，创造沉浸式学习环境。例如，在校园角落"看见"虚拟雕像，打破物理空间限制。增强现实技术还提供了参与机会，学生可在虚拟画布上创作，与虚拟雕塑互动，参与虚拟艺术展览，提升动手能力和创造力。此外，增强现实技术可实时叠加艺术作品的相关信息，如创作背景、艺术家生平等，通过多媒体形式呈现，帮助学生更全面地理解艺术背后的文化和社会背景。

总的来说，人工智能、虚拟现实和增强现实技术为艺术教育带来了革命性变革，提供了全新的学习方式和渠道，增添了新的创作和分享维度。这些技术使学生更深刻地理解艺术作品，激发创意和探索欲望，培养创新思维和艺术感知能力。随着技术的不断发展和普及，可以期待更加多样和深刻的学习体验，为艺术教育注入持久活力和创新动力。

这些技术也促进了艺术资源的公平共享和广泛传播，提高了教育的公平性。无论是人工智能技术的个性化辅导、虚拟现实技术的沉浸式体验还是增强现实技术的交互式学习，都为学生提供了更加丰富和多元的学习资源和学习方式。这不仅有助于提升学生的艺术素养和审美能力，更有助于培养他们的创新思维和实践能力。因此，应该积极拥抱这些新技术，将它们融入艺术教育中，为学生打造一个更加生动、有趣和充满无限可能的学习环境。

（一）现代科技与美育的融合带来的变革

现代科技与美育的融合不仅在技术层面带来了创新，更在教育理念上引发了深远的变革。传统的艺术教育主要依赖真实物件和空间，学生需要通过视觉和触觉的亲身体验才能感受到艺术的魅力。如今，先进技术的介入，艺术教育可以突破时空的限制，使学生能够在任何时间、任何地点，以最直观和沉浸式的方式感受艺术的独特魅力。例如，虚拟现实技术可以让学生逼真地"走进"

名画之中，观察每一个细节和笔触，这种体验是参观博物馆时难以获得的。同时，增强现实技术可以将艺术作品投射到现实世界中，让学生在实际场景中与艺术互动。此外，3D打印技术让学生能够将平面的画作变为立体的艺术作品，甚至是他们自己设计的雕塑，这种互动性和创造性远超传统纸和笔的束缚。

技术的引入并非对传统艺术教育的全盘取代，而是一种有益的补充和强化。尽管现代技术提供了丰富的工具和方法，使得美育能够更加生动和直观，从而更好地激发学生的兴趣和主动性；但在教学过程中，教师的引导、艺术理论的讲解和实际操作的练习仍然是不可或缺的环节。教师的引导为学生提供了思考问题的框架和方向，艺术理论的讲解让学生对美学有了深入的理解，而实际操作则能锻炼学生的动手能力和艺术感知力。现代科技融入美育不仅仅是手段上的创新，它也推动了教育理念的变革。在传统的教育理念中，艺术教育可能更多地被视为一种技能训练，而现在它更被看作一种全面素质的培养。通过技术手段，艺术教育不仅能够提高学生的美学素养，还能培养其创新思维和解决问题的能力。例如：编程与音乐的结合，不仅让学生理解了音乐的结构，还培养了他们的逻辑思维能力；数字创作工具让学生能够方便地进行各种艺术形式的尝试，激发他们的创造力和自主学习的动力。

技术的应用让艺术教育更加个性化和多样化。在线学习平台和数字资源库提供了丰富的学习材料，学生可以根据自己的兴趣和进度选择不同的课程和项目。大数据技术则能够分析学生的学习行为和偏好，提供个性化的学习路径和建议，提高学习效率和效果。

现代科技与美育的融合无疑带来了艺术教育的深刻变革，这种变革不仅体现在技术层面上的创新，更体现在教育理念上的革新。借助先进技术，艺术教育不再受限于时间和空间，使得学生能够以更加直观和沉浸的方式感受艺术的美好；与此同时，技术的应用也使得艺术教育变得更为生动和个性化。然而，无论科技如何发展，教师的作用仍然是不可替代的，只有将技术手段与传统教学方法有机结合，才能真正实现美育的全面发展。

（二）技术引入对传统艺术教育的补充和强化

在传统艺术教育中引入技术，不仅为教学方式带来了创新，也有效地补充和

第六章 美育协同育人的未来展望

强化了传统教学的效果。以传统的绘画课为例，教师通常会带领学生到户外进行写生，观察自然界的色彩和光影变化。这种方法固然能够提高学生的观察力和审美能力，但其效果往往受天气的变化、时间的约束以及地理位置的选择等多种因素的限制，导致某些教学目标难以在特定情境下实现。

通过引入增强现实技术，教师可以在教室内达到与户外写生相同甚至更好的教育目的。学生只需通过手持设备，如平板电脑或智能手机，即可在屏幕上看到真实环境中叠加的虚拟自然景观。这些虚拟景观不仅可以模拟不同的自然环境（如四季变化、不同的光照条件或各种地形特色），还能根据教学需求实时进行调整，从而使学生获得更加全面和深刻的体验。相比传统的教学方式，增强现实技术提供了一种更加灵活和可控的环境，使得无论是雨天还是其他不适宜户外活动的条件下，学生都能持续进行高效的学习。教师利用增强现实技术能够设计互动式的学习任务，例如调节虚拟光源以观察灯光投影下的色彩变化，或细致地研究某一特定植物的结构和颜色分布。这种互动性不仅提高了学生的学习兴趣，还使得教学内容更加生动具体，便于学生记忆和理解。通过这种方式，学生不再只是被动地接受知识，而是积极参与知识的探索和应用，增强了他们的自主学习能力和创新思维。

增强现实技术还能够提供一种沉浸式的学习体验，超越了传统纸、笔和画布的局限。例如，学生可以在虚拟场景中绕着一棵数百年的古树进行观察，分析其每一个枝叶的细节，甚至可以模拟不同的绘画技巧，如水彩、油画等，对同一景物进行多角度、多风格的创作。这样的方式相较于传统写生，不仅节省了大量的时间和物资，还培养了学生多层次的艺术感知和表现能力。以往，学生可能需要大量的画布、颜料和时间来完成一个项目，现在只需在虚拟环境中进行调整和尝试即可。这不仅提高了学习效率，更让学生能够大胆尝试不同的艺术风格和技法，开阔他们的创作思路。教师利用增强现实技术可以对学生进行个性化指导。教师利用数据分析工具，能够追踪每个学生在虚拟环境中的学习轨迹，了解他们的兴趣点和难点，从而提供更有针对性的建议和指导。这种个性化的教学方式不仅能够提高每个学生的学习效率，还能满足不同学生的多样化需求，使得每个学生都能够在自己的节奏中成长和进步。

增强现实技术的引入，使艺术教育能够克服传统教学方式中的各种限制，为学生提供了更多元化、更直观的学习资源和方法，从而大大提升了艺术教育的质量和效果，也为培养未来的艺术家和设计师提供了一个更加开放和创新的学习环境。增强现实技术不仅是传统教学的一种补充，更是推动教育创新的重要力量。它不仅提升了教学的灵活性和互动性，还激发了学生的创作潜力和学习兴趣，使艺术教育在新时代焕发出新的生命力。随着技术的不断发展和完善，未来的艺术教育必将在增强现实技术的支持下走向一个更加辉煌和多彩的新时代。

（三）跨学科的整合与应用

现代科技的发展为艺术教育提供了前所未有的跨学科整合与应用机会，极大地拓宽了学生的学习视野和知识深度，赋予教育以更丰富的内涵和手段。具体而言，人工智能、虚拟现实和增强现实等前沿技术的广泛应用，不仅改变了传统的教学方式，还更深层次地促进了不同学科间的交融，为学生提供了更丰富的学习体验和更大的创造空间。人工智能技术已经在艺术教育中展现了卓越的潜力。数学中诸如分形几何等复杂概念，通过人工智能技术可以在艺术创作中得到生动的展现。分形几何是指利用数学公式和算法生成的图形，其自相似性的特征和复杂的结构美学通过人工智能技术可以转化为视觉艺术作品，激发学生对数学之美的理解与欣赏。对称性作为另一个重要的数学概念，也可以通过人工智能技术生成的艺术作品，使学生直观地了解到对称性在艺术中所扮演的角色及其对美感的影响。通过这些实例，学生能够更深入地理解数学在艺术创作中的具体应用，从而更好地掌握数学知识，并将其灵活应用于艺术领域。

虚拟现实技术为艺术教育提供了沉浸式的学习平台，极大地丰富了学生的感官和认知体验。通过虚拟现实技术，教师可以带领学生"游览"那些早已消失或难以亲临的历史名城和文化遗迹。例如，学生可以在虚拟环境中参观古罗马的建筑，体验其恢宏的历史场景和独特的文化氛围，深入了解当时的社会结构和生活方式。这种沉浸式体验不仅直观地传达了大量历史和地理知识，还帮助学生更深刻地理解这些因素如何对艺术创作产生影响。通过这种方式，学生的学习变得更加生动具体，大大提升了学习的效果和兴趣。增强现实技术则为艺术教育带来了互动和即时反馈的全新体验。学生可以通过增强现实技术扫描艺术作品，获得关于作品创作背景、艺术风格、技法等详细信息，使得艺术欣赏与解析变得更加便利且深入。不仅如此，增强现实技术还可以将名画的三维建模投影到现实空间中，让学生进行互动式学习。比如，学生可以通过触摸和旋转投影模型，更加直观和具体地研究艺术作品的构图和结构。这种学习方式不仅激发了学生的兴趣，还提升了其他相关学科如历史、文化、科技等的知识水平，使得学习过程更加综合全面。现代科技工具的应用也为跨学科研讨和项目合作提供了便捷的平台，学生可以利用网络和数字资源进行跨学科的合作研究，打破传统学科的壁垒。例如，一个涉及艺术与科学的项目小组，可以通过线上平台共享研究数据，进行作品创作，并展开实时讨论，这不仅提高了学生的合作能力和沟通技巧，还培养了他们解决复杂问题的综合素质。

现代科技在艺术教育中的跨学科整合与应用，不仅革新了传统的教学方法，还给学生提供了更大的创造力和学习自主性。随着科技的不断进步，这种跨学科的整合与应用必将更加广泛和深入，为未来的教育改革和人才培养开辟新的机遇与挑战。现代科技赋予教育更多的可能性，艺术教育也因此焕发出新的生命力与光彩。

（四）美育的创新与发展

随着人工智能、虚拟现实和增强现实技术的不断发展和成熟，美育的形态和实施方式将迎来全新的变革和广阔的发展空间。传统美育模式中的许多局限性，如师资有限、资源匮乏、学习环境单一等问题，都将通过这些先进技术得到有效的解决和提升。这不仅为艺术教育提供了更强大的工具和平台，也在一定程度上彻底改写了我们对艺术教育的理解和期待，构筑了一个前所未有的教育生态系统。

人工智能技术在艺术教育中的应用将带来革命性的改变。通过智能算法和机器学习，人工智能技术能够分析和总结大量的艺术作品，帮助学生快速理解艺术风格、技术和历史背景。例如，人工智能技术可以通过图像识别技术鉴别出不同艺术流派的特征，为学生提供详细的分析报告。此外，人工智能技术能够实时评估学生的创作过程和结果，给予即时、个性化的反馈，从而帮助学生不断改进和提升自己的艺术技能。更为重要的是，人工智能技术可以为学生提供个性化的学

习路径和创意指导，促进他们在艺术创作中的独立思考和创新能力。例如，通过人工智能技术生成艺术作品，学生可以得到灵感启发，并在此基础上进行二次创作，探索出新的艺术表达方式。人工智能技术还能够模拟出多种艺术创作工具，如虚拟画笔、雕刻工具等，供学生使用，让他们在数字世界中自由地尝试和探索。

虚拟现实技术为艺术教育拓展了无限可能。通过虚拟现实，学生可以身临其境地参观世界各地的美术馆和博物馆，欣赏到平时难以接触到的经典艺术作品。虚拟现实技术不仅能够提供高保真的视觉体验，还能通过音效、触觉反馈等多种感官体验，丰富学生的感知。例如，学生可以通过虚拟现实设备"走进"凡·高的《星空》，近距离观察画作的每一个细节，甚至体验到画家创作时的情感波动。此外，虚拟现实技术还能模拟出各种历史场景和文化环境，使学生能够全方位、多感官地理解艺术作品的内涵和背景。例如，学生可以通过虚拟现实体验文艺复兴时期的佛罗伦萨，感受当时的文化氛围，这种沉浸式的学习无疑将大大增强艺术教育的效果和吸引力。通过这种方式，学生不仅能够了解艺术作品本身，还能掌握背后的文化、历史和社会背景，从而形成更加全面的艺术认知。增强现实技术的应用也为艺术实践带来了前所未有的灵活性和互动性。通过增强现实，学生可以在现实环境中进行艺术创作，并将虚拟元素与现实场景相结合，进行多维度的艺术探索和实验。例如，学生可以利用增强现实技术，在城市街头进行涂鸦创作，或者通过增强现实将自己的艺术作品展示在不同的现实空间中。这样的学习方式不仅提升了学生的实践能力和创新意识，同时也激发了他们对艺术的兴趣和热情。增强现实技术还可以用于艺术作品的互动展示，观众可以通过移动设备或增强现实眼镜与作品进行互动，增强作品的表达力和感染力。

在这种全新的、融合了虚拟和现实、技术和艺术、理论和实践的教育生态系统中，学生不再是被动的知识接受者，而是主动的探索者和创造者。通过掌握和应用这些先进技术，他们能够进行跨学科的综合性学习，培养出更加全面和深刻的艺术感知和认知。这种多维度、多层次的学习方式不仅有助于学生深入理解艺术作品，还能激发他们的创造力和问题解决能力。通过自我探索和实践，学生将逐渐形成独立的艺术思维和审美判断，提升其文化素养和审美修养。这种多维度、多层次的学习方式还将帮助学生培养起批判性思维、创新能力和解决问题的能力，为他们未来的个人发展和社会进步奠定坚实的基础。人工智能、虚拟现实和增强现实技术的应用，不仅局限于艺术教育领域，还可以与其他学科相结合，形成跨学科的综合教育模式。例如：通过虚拟现实技术，学生可以同时了解艺术与历史的交会，通过沉浸式体验学习历史事件和文化背景；通过人工智能技术，学生可以结合数学和音乐进行艺术创作，体会不同学科之间的联系和互补。

在未来的美育发展中，不仅需要继续探讨和研究这些技术的应用形式和方法，还要构建一个支持多方合作和资源共享的教育平台。政府、学校、技术公司和艺术机构应共同努力，推动美育创新，培养出更多兼具艺术素养和科技视野的新时代人才。在这种合作模式下，政府可以制定相关政策和标准，提供资金和资源支持；学校可以引入先进技术，开展多样化的课程和活动；技术公司可以提供技术支持和解决方案；艺术机构可以提供专业指导和资源，共同推动美育的发展。通过这种全方位的合作与发展，美育将真正成为促进个人全面发展和社会进步的关键力量。未来的美育不仅是艺术技术的提高，更是文化交流与融合的桥梁。通过新技术的应用，艺术教育将更加开放、多元和包容，学生能够在全球化的背景下接触和理解不同文化和艺术形式，培养出具有宽广视野和国际竞争力的综合性人才。通过不断地创新和发展，美育将成为引领社会进步的重要力量，为实现人类社会的全面可持续发展作出贡献。

二、跨学科协同育人

未来的美育将不仅仅局限在艺术课程之内，而是广泛渗透到其他学科中，通过跨学科的项目和活动，学生能够在真实的问题情境中运用多学科的知识和技能。例如，科学与艺术的结合可以通过设计生态艺术装置，数学与艺术的结合可以在几何图形中探索美学规律。这种跨学科的教育模式不仅能提升学生的艺术修养，还能培养其综合运用知识解决实际问题的能力，促进创新思维的形成。随着社会的发展和科技的进步，教育领域也在不断发生变化，传统的学科界限正在逐渐模糊，跨学科教育模式成为一种新的趋势和方向。在这样的背景下，美育也开始从单一的艺术教育向多学科融合的教育模式转变。未来的美育将不再局限于美术、音乐等纯艺术课程，而是会广泛渗透到科学、数学、语文等各个学科，使学生在

多种情境中感受到艺术的美和力量。

　　在科学与艺术的结合方面，有许多生动的案例可以说明这种跨学科教育的重要性和效果。例如，当学生设计一个生态艺术装置时，他们不仅需要考虑艺术上的美学效果，还要考虑科学原理，如植物的生长需求、环境的生态平衡等。在这个过程中，学生不仅能够通过实践活动提高对艺术的理解和感受，还能将科学知识应用到实际问题解决中，提高他们的综合实践能力和创新思维。例如，某中学的科技与艺术融合课程，该课程要求学生设计并制作一个能净化空气的艺术装置。这个项目让学生充分运用他们在科学课上学习到的植物学知识和化学知识，同时也需要他们发挥艺术创造力，把装置设计得既美观又实用。通过这个项目，学生不仅深入理解了相关科学知识，还掌握了艺术设计的基本原则和实践技巧。此外，在团队合作中，学生学到了沟通、协作、问题解决等重要的软技能，这些都是他们未来发展中不可或缺的能力。数学与艺术的结合同样能激发学生的兴趣和创造力。例如，在几何学的学习中，教师可以通过绘制曼陀罗图案或研究阿拉伯几何图案，让学生在探索几何图形和对称性中发现美学的规律，这不仅提高了他们的数学能力，还提升了他们的审美观和创造力。在这个过程中，学生通过实际操作和观察，理解几何学的抽象概念，体会到数学的严谨性和艺术的灵活性之间的相互作用，这对于培养他们的逻辑思维和创新能力有着重要作用。语文与艺术的结合也能带来丰富的教育体验。在语文课堂中，教师可以通过文学与绘画结合的方式，让学生将文学作品中的场景、人物用绘画的形式表现出来。这样的活动不仅能加深学生对文学作品的理解，还能激发他们的想象力和创造力。例如，在学习《红楼梦》的过程中，学生可以通过绘制人物肖像和场景画，把自己对角色和情节的理解转化为具体的艺术创作。这不仅增加了学习的趣味性，还在实际操作中深刻体会到了文学与艺术的内在联系。

　　社会科学与艺术的结合也是一种极具潜力的跨学科教育模式。例如，在历史课上，教师可以通过让学生绘制历史事件的壁画、制作历史人物的雕塑等方式，使学生在艺术创作中理解和记忆历史事件和人物。这样的活动不仅丰富了历史课的教学内容，还让学生在轻松愉快的氛围中学习历史知识，培养了他们的历史观和艺术修养。跨学科的美育教育模式不仅能够提升学生的艺术修养，还能培养其综合运用知识解决实际问题的能力。例如，在设计一个社区公共艺术项目时，学生需要运用城市规划、环境科学、社会学、经济学等各个方面的知识，同时还要进行市场调研、成本预算、项目管理等实际操作。这种综合性的项目可以全面锻炼学生的多方面能力，特别是他们的创新思维和实践能力。

跨学科的美育教育还能够培养学生的创新精神和批判性思维。在面对复杂的、真实的问题时，学生需要学会从不同的学科角度去分析和解决问题，这对他们的思维方式和知识结构都是一种很好的锻炼。例如，当学生在研究如何通过艺术手段提高城市公共空间的美观度和实用性时，需要考虑建筑学、环境科学、社会学等多个方面的因素，这不仅提升了他们的综合能力，也培养了他们的创新思维和批判性思维能力。跨学科的美育教育模式还能够增强学生的社会责任感和公民意识，在通过跨学科项目和活动解决实际问题的过程中，学生能够深刻体会到自己的劳动和创造对社会的影响，从而培养他们的社会责任感和公民意识。例如，学生在参与社区艺术项目或公益活动时，不仅学到了艺术知识和技能，还体验到了社会服务的价值和意义，这对他们的品德教育和人格发展都有着积极的影响。跨学科的美育教育模式还能够促进教育公平和学生的全面发展，通过跨学科项目和活动，所有学生都有机会展示和发展自己的多方面才能，而不仅仅是在传统学科中表现优秀的学生。这种教育模式有助于发现和培养各种不同类型的优秀人才，促进学生的全面发展和个性化成长。

未来的美育将不仅局限在艺术课程之内，还会广泛渗透到科学、数学、语文等其他学科中。通过跨学科的项目和活动，学生能够在真实的问题情境中运用多学科的知识和技能，这不仅能提升他们的艺术修养，还能培养他们综合运用知识解决实际问题的能力，促进创新思维的形成。跨学科的美育教育模式具有丰富的教育价值和社会意义，它不仅是对传统艺术教育的一种创新和发展，更是对整个教育体系的一种有效补充和提升。未来，我们期待更多的教育者和研究者能够探索和实践这一教育模式，为培养全面发展的创新型人才贡献力量。

（一）**个性化美育的背景与重要性**

在新时代的教育浪潮中，个性化美育作为一种全新的教育理念正在逐渐引发整个教育界的广泛关注与热议。新时代强调多元化、个性化的发展，而个性化美

育正是在这一背景下应运而生,逐步成为教育改革中的重要组成部分。随着教育信息化的不断深入,大数据分析技术的广泛应用,人工智能的发展等,个性化美育正朝着高度个性化与定制化的方向迅速发展。这一变化不仅代表着技术手段的革新,更可以看作教育观念的一次深刻转型。传统的美育模式往往采用"一刀切"的方式,忽略了学生个体之间的差异,不利于每个学生的独特潜力的充分发挥。而个性化美育则是通过精确的数据分析和个性化的教学方法,为每个学生打造专属的美育成长路径。这样的教育形式不仅关注学生的学习成绩,更注重他们的个性发展和艺术修养,从而最大限度地激发他们的内在学习动力和艺术潜力。

个性化美育的重要性不仅体现在教育方式和方法的创新上,还体现在它对学生全面发展的深远影响。个性化美育强调根据每个学生的兴趣、爱好和能力,提供适合其发展的教育内容和教育方式。在这样的教育环境下,学生能够更好地理解和感受艺术的魅力,激发他们对于艺术的热爱和追求。这种由内而外的兴趣驱动学习模式,有助于培养学生的创造力、审美能力和综合素质,使其在艺术教育中不仅有知识的积累,更有心灵的丰富和精神的洗礼。个性化美育还能够培养学生的独立思考能力和批判性思维。在整个教育过程中,教师不仅是知识传授者,更是指导者和辅导者,他们依据学生的实际情况有针对性地进行指导,帮助学生发现问题、解决问题,从而激发他们的思考能力和创新意识。这样的教学方式不仅有助于提高学生的艺术水平,更为他们未来的学习和生活打下坚实的基础。

在全球化和信息化不断推进的今天,个性化美育不仅是中国教育界的探索方向,也是国际教育界普遍关注的热点。同时,这种教育模式的推广与普及也为社会提供了更多具有艺术修养、创新能力和批判性思维的人才,从而推动社会进步和文化繁荣。个性化美育不仅是教育技术的发展成果,更是现代教育理念的一次重要转变。通过对每个学生进行个性化的关注和指导,个性化美育能够实现教育资源的最优配置,帮助学生最大限度地发挥自己的潜能,为他们的未来发展奠定坚实基础。因此,推进个性化美育,不仅是新时代教育改革的重要方向,也是实现学生全面发展的必要途径。

(二)个性化美育的需求与现状

在传统的美育模式中,课程设置常常千篇一律,教师授课方式缺乏灵活性和针对性，因而无法满足学生个体差异化的需求。这种"一刀切"的教育方式常常忽视了学生的个人兴趣和潜在才能，无法有效激发他们的学习兴趣，甚至使一些对艺术有着浓厚兴趣的学生感到乏味和压抑。一些学校的美育课程可能仅限于教授基础的音乐或绘画知识，而忽略了戏剧、舞蹈、雕塑、摄影等多元化艺术形式。这种方式不仅使学生无法全面了解和体验艺术的多样性，还可能导致他们对艺术学习的热情减退，限制了他们的创造力和想象力。与此相反，个性化美育强调通过现代科技手段和大数据分析，深入挖掘每个学生的兴趣、特长和发展需求，从而为他们量身定制美育课程和活动，真正实现教育资源的合理配置和效用的最大化。

教师通过使用智能教育平台和数据分析工具，可以获得有关每个学生学习偏好、进度和兴趣的详细信息，从而设计出更加符合学生需求的课程。例如：对于对音乐有特别兴趣的学生，可以为他们提供更加深入的乐理、作曲和音乐鉴赏课程；而对于对绘画有天赋的学生，可以安排他们参加更多的艺术工作坊和展览活动。个性化美育还可以通过虚拟现实和增强现实技术，提供更加生动和互动的学习体验。例如，学生可以通过虚拟现实设备"参观"世界各地的艺术博物馆，近距离欣赏大师的作品，甚至可以通过增强现实技术亲身体验艺术创作的过程。这种沉浸式的学习方式，不仅能够激发学生的学习兴趣，还能帮助他们更好地理解和掌握知识。

个性化美育不仅消除了传统美育模式中存在的弊端，还为学生提供了更加丰富和多样化的学习体验。通过科技手段和大数据分析，个性化美育能够真正满足每个学生的个体需求，激发他们的创造力和想象力，从而全面提升美育教育的质量和效果。

（三）实现方式与数据分析

个性化美育旨在推进因材施教，通过全面采集与分析学生数据，提供切合个体需求的美育方案。目前，现代教育技术的发展使信息获取和处理变得更加便捷高效，这为个性化美育的实现提供了坚实基础。数据采集方面，涉及学生的日常行为、兴趣倾向、学术表现等多层次、多维度的信息。具体而言，学生在在线学习平台上的活动轨迹、课程选择、作业提交以及讨论参与度等数据均

可被系统捕捉并记录。这些丰富的数据资源使得教师能够细致地了解每个学生的兴趣和特长。例如，通过分析学生在不同类型课程中的表现和参与情况，可以准确识别出对音乐、视觉艺术、戏剧等特定艺术领域感兴趣和具备潜力的学生。数据分析是实现个性化美育的关键一环，通过大数据分析和人工智能技术，教师可以对收集到的多维度数据进行深度挖掘和综合分析。以下是一些实现方式和具体应用：

（1）行为数据分析。通过分析学生在课堂内外的活动和行为数据，如出勤记录、课堂发言、课外活动等，了解学生的学习习惯和兴趣倾向。

（2）兴趣倾向评估。借助问卷调查、心理测试等手段，结合学生在社交媒体、在线学习平台的行为数据，综合评估其兴趣倾向。比如，可以通过分析学生在美术、音乐、舞蹈等课程中的表现，判断其兴趣方向。

（3）学术表现追踪。通过学生的考试成绩、作业分数、项目评价等学术数据，全面掌握其学术能力和进步轨迹。这可帮助识别学生在某一领域的天赋和发展潜力。

（4）参与度分析。分析学生在各类活动中的参与情况，包括课堂讨论、团队合作、课外社团等，了解学生的社交能力和主动性。这有助于教师有针对性地引导学生在美育活动中更积极地参与和发挥。

通过以上多维度的数据分析，教师不仅可以制订个性化美育方案，注重学生不同兴趣和特长的培养，还能及时调整教学策略，提供个性化的指导和支持。例如，针对有音乐天赋的学生，可以推荐更多相关课程和实践机会，甚至联系专业导师进行个别辅导；针对视觉艺术有兴趣的学生，可以组织他们参与艺术展览、设计比赛等活动，激发创作潜能。个性化美育的实现不仅依赖先进的数据采集和分析技术，更需要教师具备数据解读能力和实践智慧。在科技的辅助下，通过系统化、科学化的分析，为每个学生量身定制美育方案，真正达到个性化、全方位的美育目标。

（四）个性化路径设计

在掌握了详细的学生信息后，教师需要根据不同学生的特点制定出个性化的美育路径。这不仅可以激发学生的潜力，还能使他们在学习过程中感受到更多的乐趣和成就感。例如，针对音乐有极大兴趣的学生，可以为他们设计更多的音乐创作、表演、乐器学习等活动。具体来说，可以安排专业的音乐教师为这些学生进行一对一指导，帮助他们制订学习计划，提升技术水平。同时，学校可以定期举办小型音乐沙龙、演奏会，让学生有更多的机会展示才华，锻炼自信心。此外，可以邀请知名音乐家或乐队到校举办讲座和表演，通过面对面的交流和互动，学生不仅可以增长见识，还能受到更多的激励。教师还应鼓励这些学生积极参加各类音乐比赛和演出，以实际行动体验和感受音乐的魅力，从而在不断挑战自我中提升自己的音乐素养。

针对视觉艺术兴趣浓厚的学生，教师可以提供更多的绘画、雕塑、设计等活动项目。比如，设置定期的开放工作室，供学生进行创作和交流。学校还可以安排参观美术馆、博物馆的活动，让学生直观地感受艺术的多样性和丰富性。通过这种方式，不仅开阔了他们的眼界，还能使他们获得更多灵感。此外，可以举办主题绘画比赛和艺术展览，让学生有机会将自己的作品展示给公众，同时也能接受不同艺术视角的反馈和评价。教师在此过程中可以根据学生个体的兴趣点推荐合适的艺术作品和书籍，指导他们进行深入地学习与思考，例如，介绍一些知名艺术家的成长历程、技法解析以及艺术理论等，帮助学生从理论和实践两方面提升素养。

针对文学、戏剧、舞蹈等其他艺术领域展现出兴趣和天赋的学生，教师也应因材施教，设计相应的美育活动。针对文学有兴趣的学生，可以组建读书会，定期举办读书分享会和写作工作坊，邀请作家或文学评论家进行访谈和指导。针对热爱戏剧和表演艺术的学生，可以组织戏剧社团，创作和排练剧目，参与戏剧节等演出活动。针对舞蹈有浓厚兴趣的学生，可以设立舞蹈课程，举办舞蹈比赛和表演，邀请专业的舞蹈演员或编舞家来校指导。

通过制定个性化的美育路径，学生可以在自己感兴趣的艺术领域深耕，同时培养他们的审美能力、创新能力和综合素质。这种因材施教的方式既能激发学生的潜能，也有助于他们在未来的发展中占据更有利的位置。教师在这个过程中除了要关注学生的艺术技能提升，还应注重他们的综合素质培养，帮助他们树立正确的艺术观和价值观，成为德艺双馨的全面发展人才。

（五）拓宽领域与多样化实践

个性化美育不仅局限于视觉和听觉艺术的培养，它还可以扩展到更多的艺术领域。这种扩展意味着为学生提供一个更加多样化和综合性的艺术教育环境，使他们能够在更多的艺术形式中发现和发展自己的热情和才能。针对喜欢戏剧和表演的学生，可以设立专门的戏剧社团和影视表演课程。这些课程不仅限于基本的表演技巧培训，还可以涵盖编剧、导演、舞台设计、灯光音效等各个方面，形成一个完整的戏剧生产链。学校可以邀请专业的演员、导演和编剧来做客座讲师，通过互动式的工作坊和实际演出，为学生提供理论与实践相结合的学习机会。此外，定期安排舞台剧、短剧和影视作品的演出和拍摄，让学生在真实的舞台和镜头前找到自己，积累宝贵的经验。在这个过程中，学生不仅可以锻炼专业技能（如台词功底、镜头感和表演技巧），还可以提升团队合作能力、组织协调能力和语言表达能力，进一步增强自信心和提高创造力。

针对舞蹈和肢体艺术感兴趣的学生，可以设置不同风格和类型的舞蹈课程，如古典舞、现代舞、街舞、芭蕾舞、拉丁舞等，以满足学生多元化的兴趣需求。除了日常的舞蹈训练，学校还可以通过组织各类舞蹈比赛、展示和交流活动，为学生提供展示才华的舞台。通过这些活动，学生不仅能够检验自己的学习成果，还可以与其他舞者交流切磋，分享彼此的经验和心得，激发创新灵感和学习动力。此外，邀请国内外知名的舞蹈家和编舞家来校交流指导，通过大师班、讲座等形式，为学生带来最新的行业信息和前沿的艺术理念，帮助他们开阔眼界、提升水平。

在涵盖更多艺术领域的同时，还可以通过跨学科的综合项目来丰富学生的学习体验。例如，可以开展"音乐剧制作"项目，让热爱音乐、戏剧、舞蹈的学生共同参与，从编剧、作曲、编舞到最终的排练和演出，各个环节都由学生亲自操作，这既能发挥他们各自的专长，又能培养团队合作和项目管理能力。再如，可以举办"艺术与科技"展览，让学生将美术、人工智能、编程等知识融会贯通，通过科技手段呈现艺术作品，激发他们的跨领域思维和创新能力。

通过扩展艺术领域和多样化的实践活动，个性化美育能够更全面地激发学生的潜能，培养他们的综合素质，使他们在未来的人生道路上既拥有深厚的艺术修养，又具备多方面的能力和智慧，成为既懂艺术又具备多种技能的全面发展的人才。

第六章 美育协同育人的未来展望

（六）教师的新角色

在个性化美育的过程中，教师的角色经历了深刻的转变，教师不再仅仅是知识的传授者和课堂的主宰者，而是更多地扮演学习引导者和成长助力者的角色。这种转变要求教师不仅要具备深厚的专业知识和丰富的教学经验，还要具有处理复杂数据和信息的能力，以便更好地理解和回应每个学生的独特需求和发展轨迹。

教师需要不断拓展自己的学科知识和教学方法，以确保能够提供高质量的教育资源和学习体验。他们要对美育领域的最新研究成果和教育理论有深入了解，并能灵活地将这些理论应用于实际教学中。这种专业素养使教师能够为学生提供更加多样、深刻和有趣的学习内容，激发学生的创造力和探索精神。在个性化教学环境中，教师还需成为高效的数据分析师，通过对学生学习数据的深度挖掘和分析，能够更准确地评估每个学生的学习进度、兴趣偏好和发展潜力。这种数据驱动的教学方法帮助教师制定个性化的教学计划和策略，确保每个学生都能在其适合的节奏和方式下得到全面发展。例如，教师通过分析学生的作业、测试结果和课堂参与情况，可以识别出学生的强项和薄弱环节，进而有针对性地进行指导和辅导。信息技术的飞速发展也赋予了教师新的工具和平台，他们需要熟练掌握这些技术，以有效地支持个性化美育的实施。在线学习平台、虚拟现实、人工智能等新兴技术为个性化教学提供了丰富的资源和手段。教师不仅要会使用这些技术，还需要懂得如何将其有机融入教学过程中，为学生创造互动式、沉浸式的学习体验。比如，教师通过人工智能辅助教学系统可以实时追踪学生的学习表现，给予及时反馈并调整教学策略，从而更有效地促进学生的成长。教师的综合素养以及与学生、家长和社区的沟通能力也变得至关重要，他们不仅是知识的传播者，更是学生心灵成长和品格培养的导师。教师要能够倾听学生的声音，尊重他们的个性和选择，鼓励他们勇于表达和探索。同时，教师还需加强与家长和社区的互动，共同营造支持学生全面发展的教育生态系统。这种多方协作不仅可以提升教育效果，还能帮助学生更好地融入社会，实现自我价值。

教师在个性化美育中承担了更加多元化和富有挑战性的角色，他们需要具备

扎实的专业知识、敏锐的数据分析能力，掌握现代信息技术，并具备良好的沟通与协作能力。唯有如此，才能真正成为学生学习与成长的引导者和助力者，为培养新时代的创新人才贡献力量。

（七）社会各界的协同合作

个性化美育的实现不仅需要教育系统内部的努力，还需要社会各界的广泛支持和协同合作。学校作为培养学生审美能力和艺术素养的核心阵地，在美育中占有不可替代的地位。因此，学校应该积极探索并建设具有个性化特点的美育体系，确保教育内容能够契合学生的兴趣和发展需求。在此基础上，学校需要提供美术教室、音乐室、舞蹈室等充足的硬件设施，以及多样的美术器材、音乐乐器、教材和辅导材料等大量优质的教学资源。政府和教育主管部门也应发挥其政策引领和资源调配的作用，需要加大对美育的政策支持，通过制定相关法规和政策，明确个性化美育的重要性和实施方向，并确保这些政策能够在各级教育机构中有效落实。此外，政府和教育主管部门还应增加资金投入，以确保美育所需的人力、物力和财力得到有力保障，从而推动更多优质教育资源参与个性化美育的建设中。

文化艺术界作为美育的合作伙伴，能够提供学校难以独立完成的艺术资源和实践机会。艺术家、艺术团体和文化组织可以定期到学校开展艺术讲座、工作坊和互动活动，使学生有机会接触艺术创作的过程和内涵，提升他们对艺术的理解和兴趣。艺术界的专业指导和示范作用，不仅能够丰富学生的艺术体验，还能激发他们的创作灵感和艺术潜力。企业界可以通过赞助、捐赠和合作项目等方式支持学校美育的发展。例如，企业可以赞助学校举办艺术比赛、展览和表演，提供实习和实践机会，或推动企业与学校共同开发美育课程。此外，企业还可以通过企业社会责任项目，资助经济困难学生参加艺术培训，购买艺术用品，以确保每个学生都能享受到公平的美育机会。

个性化美育的实现需要学校、政府、教育主管部门、文化艺术界和企业界的共同努力和密切合作。通过多方力量的协同合作，能够共同推动美育事业的繁荣与进步，为每个学生提供充分的发展空间，让他们在美的熏陶中成长为全面发展、富有创造力和文化素养的人才。

第六章 美育协同育人的未来展望

（八）未来的发展趋势

未来的发展趋势表明，个性化美育将越来越多地依赖智能化和科技化的应用，这一趋势将为艺术教育领域带来前所未有的革命性变化。首先，人工智能技术的发展将极大地提升个性化美育的效率和效果。例如，利用人工智能技术通过大数据分析，深入了解每个学生的学习习惯、兴趣爱好和优势领域，从而制订个性化的学习计划。这些计划不仅可以精准地满足每个学生的需求，还能不断根据学生的反馈进行调整和优化，使学习过程更加动态和互动。

虚拟现实技术将打开一个全新的艺术体验世界。学生通过虚拟现实可以在虚拟环境中参与艺术创作和表演，仿佛置身于真实的艺术舞台或画室中。这种沉浸式体验不仅能激发学生的创造力和想象力，还可以帮助他们更深刻地理解艺术作品的内涵和背景。此外，增强现实技术的应用也将使艺术教育更加生动和丰富。例如，学生可以通过增强现实设备将数字图像叠加在现实环境中，与虚拟元素进行互动，从而更好地理解和掌握艺术知识。

智能化教学工具和平台的普及将进一步推动个性化美育的发展。智能教具、智慧黑板、智能绘画板等设备将在课堂上广泛应用，提供丰富的资源和多样化的教学方法。这些工具不仅可以提高教学效率，还能让学生在互动中获得更多的乐趣和成就感。此外，智能化教学平台还可以为教师提供便捷的管理工具和全面的数据分析支持，使教师能够更好地了解和跟踪每个学生的学习情况，为他们提供有针对性的指导和帮助。

科技的发展将使个性化美育进入一个全新的时代，不仅改变了传统的教学方式，更是为每个学生带来了更多的学习机会和创造空间。在这样一个充满可能性的未来，教育者和科技开发者需要密切合作，共同探索和实现个性化美育的无限潜能。通过不断创新和实践，我们可以期待，一个更加智能化和个性化的美育时代即将到来，每个学生都能在这个时代中发现和发挥他们的艺术才华，享受艺术带来的无穷魅力。

三、国际化视野的拓展

（一）全球化背景下美育的国际交流与合作

在全球化的背景下，美育的国际交流与合作已逐渐成为各国教育系统中的重要组成部分。美育广义上涵盖了对美的欣赏与创造能力的培养。如今，随着全球化进程的不断深入，美育越来越多地超越了国家的边界，成为一种跨文化的教育交流方式。这种发展不仅是教育系统内部的需要，更是适应全球化趋势的一种积极回应。

在全球化的今天，信息和文化的流通变得前所未有的快捷与便利，这为美育的国际交流与合作提供了广阔的空间和丰富的资源。通过这种国际化的美育交流，学生不仅有机会接触来自世界各地的多样化文化和艺术形式（如不同地域的音乐、舞蹈、戏剧、绘画等），还能在这些交流中增加对他国文化的理解与包容。这些跨文化的接触与学习，极大地拓宽了学生的视野，培养了他们的全球意识和多元文化视角。这种国际化的交流也帮助学生深入理解艺术的普遍性与多样性。在不同国家和地区的艺术作品中，不仅能发现人类情感和美感的共通之处，更能感受到不同文化背景下的独特艺术表现形式和思想内涵。例如，中国学生通过学习法国的印象派绘画，可以在色彩运用和光影表现上得到启发；而法国学生也可以通过了解中国的水墨画，感受到其中的神韵和灵动。这种彼此之间的借鉴与融合，能够从根本上提升学生的艺术鉴赏能力和创作水平。

教师在这一过程中也扮演着关键角色。跨国艺术教育项目和艺术工作坊等活动，使得教师不仅可以学习其他国家先进的教育理念和教学方法，还能分享自己的教学经验和特色，形成教学相长、互促共进的良性循环。这种教师间的国际交流和合作，有助于推动全球美育教育水准的整体提升。国际化的美育交流与合作还促进了全球艺术资源的共享，例如，通过互联网和各种文化交流平台，学生可以随时随地访问各国博物馆的在线展览，观看世界顶级艺术院校的公开课程、参与全球性的艺术大赛和交流活动。这种便利的资源共享，不仅降低了教育成本，还打破了地域和时间的限制，让更多学生有机会享受到优质的美育资源。在全球化时代，美育的国际交流与合作为学生提供了宝贵的学习机会，培养了他们的艺

第六章 美育协同育人的未来展望

术素养和创造能力，同时也增强了他们的跨文化理解和全球意识。这种跨越国界的美育教育，不仅有助于个人的发展，还有助于构建一个多元、包容的重要文化生态。相信随着全球化进程的不断深化，国际美育交流与合作的前景将更加广阔，产生更加深远的影响。

（二）与国际顶尖艺术院校合作

通过与国际顶尖艺术院校的合作，学生可以获得更多元化的教育资源，从而在艺术领域内得到全方位的发展和提升。当前，许多世界著名的艺术院校，如巴黎国立高等美术学院、伦敦艺术大学、纽约视觉艺术学院等，不仅拥有丰富的教学资源，还在艺术理论和实践方面具备领先的研究水平。与这些院校建立合作关系，为学生提供了一个走向国际舞台的桥梁。

通过校际合作，学生可以共享两个或多个院校的教育资源。例如，一些联合课程能够汇聚多校的优秀师资，开设跨学科的艺术课程，使学生在一个更广泛的知识体系中吸收新知识。此外，双方院校还可以通过交换生计划，帮助学生在不同的文化背景下进行学习和创作。这样的文化碰撞不仅丰富了学生的视野，也极大地促进了创新能力的提升。教师之间的学术交流也能带来显著益处，通过互访和联合课题研究，可以在科研方面实现优势互补，从而推动艺术理论和实践研究的进步。这些科研成果不仅直接应用于实际教学中，还可以发表在国际学术期刊上，提升院校的国际影响力。师生互动交流是校际合作的重要组成部分，通过定期组织的国际艺术论坛、学术研讨会、工作坊等活动，学生可以直接与国际顶尖院校的教授和学生进行互动交流。这种互动不仅仅停留在知识的传递层面，还涉及思维方式和创新精神的培养。例如，在艺术创作和项目管理领域，学生能够通过与来自不同背景的同行切磋技艺、交换意见，获得全新的灵感和创作思路。值得一提的是，通过参与国际性的艺术项目和展览，学生能够得到宝贵的实践经验。无论是参与策展、布展还是实际创作，这些历程都将磨炼学生的实际操作能力和团队协作精神。同时，国际展览为学生提供了一个展示自我、获取反馈的平台，帮助他们在实践中不断完善和提高自己的艺术作品和创作理念。

与国际顶尖艺术院校的合作，为学生提供了一个接触和汲取全球优秀艺术教育资源的机会。这不仅在学术和理论上给予学生支持，更在实践性、创造力和国

际视野方面大大拓展了学生的潜力,为其未来的艺术道路奠定了坚实基础。

(三)与国际知名博物馆的合作

与国际知名博物馆的合作是拓宽美育国际化视野重要且有效的途径。博物馆作为文化和艺术的宝库,不仅保存了大量的艺术品,还承载着丰富的历史和文化信息。在现代教育体系中,与博物馆建立紧密的合作关系,可以为学生提供一个多维度、多层次的学习平台,从而极大地丰富他们的艺术体验和文化涵养。这种合作可以通过多种形式展开,联合展览是一种广受欢迎的合作形式,能够让学生目睹世界级的艺术珍品。例如,通过引入象征不同历史时期和风格流派的艺术展品,学生可以直观地感受到艺术的多样性与复杂性,这不仅提高了他们的视觉审美能力,还增进了他们对世界文化的了解和认知。艺术品交流也具有很大的教育价值,通过与国际博物馆交换展品,学生能够有机会接触平常难以见到的艺术作品,了解它们的创作背景、艺术价值以及其在历史文脉中的重要地位。这种跨国界的交流不仅可以丰富学校艺术教学的内容,还能激发学生的探索欲望,鼓励他们形成独立的艺术见解。

专家讲座则是另一个合作形式。国际知名博物馆拥有众多在各自领域卓有成就的专家学者,通过邀请他们来校讲课或进行远程视频会议,可以为学生提供最新的学术研究成果和独到的艺术分析视角。例如,通过聆听大都会艺术博物馆的资深策展人的讲座,学生可以更深入地了解艺术作品的创作过程、风格特色以及它们在特定历史时期的社会意义。现代科技的发展也为这种国际合作提供了更多的可能性,通过远程视频连线,学生可以参加世界各地著名博物馆的虚拟导览活动,享受"亲临其境"的感觉。例如,通过与卢浮宫博物馆的虚拟互动,学生不仅能够近距离观赏蒙娜丽莎的微笑和胜利女神像的雄伟,还可以聆听专业导览讲师详细而生动的解说。这些虚拟导览活动不仅突破了时间和空间的限制,使学生能够随时随地接触前沿的艺术盛宴,还能够通过互动功能实时提出问题并获得解答,从而深化他们对艺术作品背后丰富的历史背景和文化内涵的理解。

通过与国际知名博物馆的多层次、多形式的合作,学生不仅能够开阔国际化的视野,提升艺术理解力和审美能力,还能在潜移默化中养成对文化多样性的尊重和宽容,为他们未来的全面发展奠定坚实的基础。这种国际化的美育合作,必将为学校的艺术教育注入无限生机和活力。

（四）与国际艺术家的合作

与国际艺术家的合作为学生提供了更加直接和生动的学习机会。这种合作不仅局限于传统的课堂教学，而是通过多种具体的形式开展，为学生的艺术学习注入了丰富的内涵和多元的视角。艺术家作为实践者和创新者，其独特的艺术视角和丰富的创作经验，对学生来说具有重要的启发作用。

邀请国际知名艺术家来学校开展讲座，可以让学生近距离聆听这些艺术大师的专业见解和人生经历。这些艺术家在他们的领域内已经取得了显著的成就，他们的经验之谈、高屋建瓴的见解及对艺术的独到诠释，能够帮助学生拓宽视野，深化对艺术的理解。同时，这些讲座也可以为学生提供一个直接提问和交流的机会，让他们在与艺术家互动中获得更具针对性的指导和反馈。工作坊也是一种非常有效的合作形式，在工作坊中艺术家可以与学生共同创作，带领他们体验艺术创作的全过程。这种实战性的学习方式不仅能使学生亲身体验创作的乐趣，还能帮助他们掌握实际的操作技巧和方法。例如，学生可以通过在线平台参加国际艺术大师的工作坊，亲眼见证大师如何运用不同的技法和材料进行创作，学习到许多在教科书中难以寻觅的知识和技巧。艺术创作交流活动则是另一种深受欢迎的合作形式。通过这些活动，学生可以展示自己的作品，得到艺术家的点评和指导。同时，艺术家也会分享他们的最新作品和创作理念，帮助学生更好地理解前沿的艺术趋势和创新方向。这种互动不仅能提升学生的艺术实践能力，还能激发他们的创作灵感，培养他们的批判性思维和创新精神。通过国际艺术家的带领和启发，学生还能更好地理解和融会贯通全球不同文化背景下的艺术形式和风格。这种文化交融的体验有助于学生养成开放和包容的心态，提高他们对世界的理解和认知能力。

与国际艺术家的合作，无论是形式多样的讲座、深入体验的工作坊，还是互动丰富的创作交流活动，都是极为宝贵的学习机会。这不仅拓宽了学生的视野，提升了他们的专业技能，还为他们的艺术创作注入了新的动力和灵感。在这种生动且高效的学习环境中，学生无疑能够迅速成长，并在未来的艺术道路上更加自信和出色。

(五)国际交换生计划

国际交换生计划是促成全球艺术教育交流的一种卓有成效的方式。通过学校与学校之间的合作与交流,学生能够以交换生的身份深入体验国外的艺术教育环境。这一经历不仅能显著开阔他们的视野和增长个人见识,还能让他们在多元的文化氛围中进一步提升自身的艺术素养。

国际交换生计划为学生提供了亲临其境了解他国的独特艺术教育体系的机会。在此过程中,学生将参与各种形式的艺术课堂,感知不同文化背景下的教学方法和艺术氛围。例如,他们会接触不同的艺术流派、创作工具以及教学理念,这为学生的艺术理解和创作提供了新的视角和灵感。交换生还可以有机会与当地的学生、教师和艺术家进行深层次的交流和互动,这些互动不仅是单向的信息获取,更是双方观点和创意的碰撞与融合。在与国外同行的交流过程中,学生会了解其他国家和文化中的艺术观点、创作方式和审美标准,从而进一步拓宽他们的艺术视野。这样的体验对于培养学生的文化包容力和国际理解力至关重要。

跨文化的交流和碰撞能帮助学生应对文化差异带来的挑战。通过实际体验和亲身参与,学生学会了如何在不同文化背景下与他人合作和沟通,他们不仅能理解和尊重其他文化的独特性,还能够将这些多元文化的精髓融入自身的艺术创作中,从而发展出更加全面和具有创新性的艺术思维。在这种环境中,学生将有更多机会参与各种国际艺术展览、工作坊和研讨会,这不仅是进一步提升他们艺术水平的良好平台,也是展示个人艺术才华的宝贵机会。

国际交换生计划不仅是一种拓宽学生视野的交流方式,更是一种深度文化体验的途径。通过这种计划,学生不仅能提高自己的艺术素养,还能在不同的文化氛围中培养出开阔的国际视野和深厚的文化包容力,这对他们未来的发展和国际理解力的提升都有着深远的影响。

(六)基础教育阶段的美育国际交流

基础教育阶段的美育国际交流与合作不仅丰富了学生的艺术体验,也为他们提供了一个拓宽视野、认知世界的良好平台。通过开展国际艺术节、少年儿童艺术夏令营等多种形式的活动,学生不仅能够接触到本国和他国的多元艺术形式,还可以实地体验和感受不同文化背景下的艺术表现。这样一来,不仅提升了学生的艺术兴趣和艺术感知力,还在潜移默化中培养了他们的艺术鉴赏能力和创造力。

国际艺术节可以邀请来自不同国家和地区的艺术家和艺术团体参与演出和展示。学生在观赏这些精彩的艺术表演时,不仅能感受到舞台艺术的魅力,还能深入了解表演背后的文化内涵和历史传统。此外,这些活动往往伴随着相关的讲座和工作坊,让学生有机会与艺术家近距离接触,亲身参与艺术创作。这种互动体验不仅增强了他们对艺术的理解,更激发了他们对艺术创作的兴趣和热情。

少年儿童艺术夏令营也是一种极具教育意义的形式。在这种多国参与的夏令营中,孩子们通过共同学习和生活,不仅能结识新朋友,建立跨文化的友谊,还能在多样性的环境中进行艺术创作。通过团队合作和相互交流,孩子们学会了欣赏和尊重不同的艺术表达方式,提升了文化包容和跨文化沟通的能力。同时,在创作过程中,他们不断挑战自我,开阔思维,促进了创造力的全面发展。学校还可以通过姊妹学校项目与海外学校建立长期的合作关系,通过互访交流、共同策划艺术项目等形式,让学生在实地考察和合作中深刻感受外国的艺术教育模式和艺术文化。这种持续性的交流项目不仅提升了学生的艺术素养,更培养了他们的国际视野和文化自信。基础教育阶段美育的国际交流与合作,不仅丰富了学生的艺术教育内容,更在多元文化背景下培养了他们独立思考、审美鉴赏和创造力。随着全球化的发展,国际交流将成为美育不可或缺的组成部分,为培养新一代具有国际视野和创新能力的公民奠定坚实的基础。

(七)信息技术在美育国际交流中的作用

在信息技术高度发达的今天,网络和数字技术为美育的国际交流与合作开辟了前所未有的广阔天地。远程教育、在线课程和虚拟现实等技术手段的普及和应用,不仅打破了地理上的限制,还使全球范围内的美育资源更加普及和易于共享。具体来说,信息技术在美育国际交流中的作用可以体现在以下几个方面。

(1)远程教育和在线课程的出现使得学生和教师不再受到地域限制,能够随时随地参与国际知名艺术院校的课程学习。例如,学生可以通过互联网注册来自伦敦艺术大学、纽约大学等世界顶级艺术院校的在线课程,学习最新的艺术理论和创作方法。这些课程通常由顶级艺术家和学者授课,提供丰富的教学内容和高水平的学术交流,让学生在本地就能够感受到国际化的艺术教育氛围。虚拟现实

技术的应用更是为美育带来了革命性的变革。通过虚拟现实技术，学生可以身临其境地参观世界各地的博物馆和艺术展览，而无须亲自前往现场。例如，学生通过佩戴虚拟现实头盔，就可以虚拟地走进巴黎的卢浮宫、纽约的大都会艺术博物馆，甚至探索古埃及的金字塔内部。这种高度沉浸式的体验不仅能够极大地激发学生对艺术的兴趣，还能加深他们对艺术品背后文化和历史背景的理解。数字技术的广泛应用使得艺术作品的数字化和存储成为可能，大量珍贵的艺术资料和作品得以永久保存，并通过网络实现自由共享和传播。例如，许多博物馆和艺术机构已经建立了在线数据库，将收藏的艺术品进行高精度扫描，并提供高清图片、视频和详细解说。学生和研究人员可以通过互联网方便地访问这些资源，进行资料搜集和研究，极大地扩展了学习和研究的深度和广度。

（2）艺术交流平台和社交媒体也是信息技术在美育国际交流中不可忽视的组成部分。全球各地的艺术家和爱好者可以通过这些平台进行交流与合作，分享作品和创作心得。例如，Instagram、Pinterest 等社交媒体平台已经成为艺术家展示作品、获取反馈的重要渠道。专业的艺术交流平台，如 Behance，则提供了一个更加专业化的环境，促进国际艺术界的深度交流与合作。人工智能和大数据技术的引入，也为美育的国际交流与合作注入了新的活力。通过大数据分析，教育机构可以更好地了解学生的学习需求和兴趣，提供个性化的教育方案。人工智能技术则可以用于构建智能艺术教育系统，为学生提供精准的创作辅导和艺术鉴赏。信息技术的迅猛发展为美育的国际交流与合作提供了丰富的工具和途径，使得教育资源的利用率得到了极大提升，也为学生和艺术爱好者提供了更加便利和多样的学习途径。这不仅提升了美育的教育质量，还促进了全球艺术文化的融合与发展。

（八）美育国际交流的综合效益

通过多种途径的国际交流与合作，学生在艺术方面的综合能力将得到显著提升。首先，他们在艺术领域的理论和实践知识将会更加全面和深入。在与国际顶尖院校、博物馆和艺术家的互动中，学生能够接触最新的艺术理论和前沿的创作技法，从而提升他们的专业素养和实践能力。通过参加国际艺术研讨会、工作坊和展览，学生能够聆听学术权威的演讲，与业内专家进行深入探讨，从而拓宽他们的学术视野，增强研究能力。他们的艺术鉴赏能力和审美眼光将会更加敏锐和独到。通过参观国际知名的美术馆和博物馆，参与艺术鉴赏课程或文化交流项目，学生能够从多元文化和艺术风格的熏陶中获益。他们能够从更多角度和层面对艺术作品进行分析和评价，理解不同艺术表现形式的美学价值，从而形成自己独特的艺术见解和审美标准。这种多样化的艺术体验，有助于学生培养更加细腻的观察力和更深层次的感悟能力。通过国际化的美育交流，学生的文化包容力和国际理解力将会得到极大提升。在与不同文化背景的艺术家、师生的交流互动中，学生不仅能够体验到不同文化的艺术魅力和美学理念，还可以深入了解这些文化背后的历史、传统和社会背景。他们能够亲身感受多元文化的丰富与多彩，从而在心灵深处形成对其他文化的尊重和理解。这些跨文化交流经验将极大地拓宽学生的全球视野，提高他们跨文化交际的能力。

这种跨文化的艺术交流体验，不仅有助于学生树立正确的世界观和价值观，还能增强他们的全球公民意识和社会责任感。当学生在国际舞台上探讨艺术和文化问题时，将会更深刻地认识到全球化背景下的文化共生与互动。这样丰富的交流经历，使他们更容易理解全球共同面临的挑战和机遇，从而激发他们为促进世界和平与发展作出贡献的责任感和使命感。通过国际化的美育交流合作，学生不仅在专业领域获得了更高的学术和艺术造诣，还培养了国际化视野和跨文化理解力，成长为具有社会责任感和全球意识的全面发展的人才。这种综合效益对于他们未来在艺术领域的创新创造和社会公益事业中都将产生深远而积极的影响。

第二节　美育在新时代教育体系中的定位和作用

一、核心素养的培养

（一）核心素养的培养：现代教育的关注焦点

核心素养是指学生在生活和职业生涯中所必需的关键能力和素质，包括但不限于认知能力、社会能力、情感管理能力，以及创造力和批判性思维能力。这些素养不仅是个人发展的基础，也是社会进步的动力和推动力。在现代教育理念中，核心素养的培养越来越成为关注的焦点，其重要性被广泛认可和重视。核心素养不仅关系到学生的学术成绩，还深远地影响到他们的身心健康、社会适应能力和未来的职业发展。全面提升学生的核心素养是现代教育追求的目标之一。认知能力涉及逻辑思维、问题解决、信息处理和创新等方面，这些能力帮助学生在学术上取得成绩，并使他们能够应对复杂的现实问题。社会能力包括团队合作、沟通交流、文化理解和社会责任感，这些能力使学生能够和谐地与他人相处，适应多样化的社会环境。情感管理能力涉及情绪调节、自我意识、同理心和抗压能力，这使得学生在面临压力和挑战时能保持心理健康和稳定。创造力和批判性思维能力则促使学生能够提出新思路，应对瞬息万变的世界。

为了有效地培养这些关键能力和素质，美育作为一种全面发展的教育方式正在获得越来越多的重视。美育不仅是艺术教育，还涵盖了通过美的体验来深化学生的人文素养、提升他们的审美能力和文化自觉。通过美育，学生能够发展出对美的感知、理解和表达能力，这对他们的心智发展和人格完善具有深远的意义。在体验和创造美的过程中，学生能够提升自我认知，锻炼想象力和创造力，培养团队合作和情感共鸣能力。

美育在教育中的地位正在显著提升。许多教育专家和政策制定者认为，美育不仅是培养学生艺术素养的有效途径,也是提高学生综合素质的重要手段。在新时代的教育体系中,美育被视为培养学生核心素养的重要途径。通过音乐、绘画、戏剧、舞蹈等多种艺术形式的教育,学生不仅可以享受美的熏陶,还可以通过审美体验来深化理解与认知,激发他们的创新精神和批判思维,增强社会责任感和文化认同感。

核心素养的培养是现代教育的关注焦点,是塑造全面发展、适应未来社会需求的新时代人才的关键。而美育作为一种丰富学生精神世界、提升核心素养的重要途径,必将在教育体系中占据越来越重要的地位。通过重视和加强美育,现代教育有望实现真正的全人教育,培养出不仅学术上优秀,而且具备全面素质和社会责任感的新时代公民。

(二)美育的首要作用:培养审美素养

美育的首要作用在于培养学生的审美素养,这是对个体身心健康和全面发展的重要推动力。审美素养不仅是指学会欣赏美的事物,更重要的是培养一种能够发现、体验和创造美的能力。在现代社会这种能力显得尤为重要,因为我们的生活被各种视觉和听觉包围,要在纷繁复杂的环境中找到内心的宁静和美感,审美素养起着至关重要的作用。

审美素养可以帮助学生提高对周围环境的敏感度。他们在频繁接触大自然和周遭事物的过程中,学会以细腻和独特的视角去观察生活的细节。一朵花的盛开、一片树叶的飘落、夜空中的一颗星星,都会成为他们心中美的素材。这种敏感度不仅扩展了他们的视野,还培养了对生活的热爱和对生命的敬畏。审美素养能够有效培养学生的观察力、想象力和创造力。在艺术欣赏过程中,通过对艺术作品的细致观察,学生学习分析艺术家的创作手法和表达方式,提高了他们的观察力。同时,在面对艺术史的学习时,历史上不同艺术流派的变迁,以及背后蕴含的文化和社会背景,激发了学生的想象力,使他们能够联想到更多可能性和创造出新的艺术作品。

学生通过亲自参与实际的艺术创作活动,不仅获得实践经验,还能更深入地理解美的本质。他们在绘画、音乐、舞蹈或戏剧等多种形式的艺术创作中,学会了如何通过不同的媒介表达自己的情感和思想,培养了一双善于发现美的眼睛和

一颗感受美的心灵。这些实践活动不仅丰富了他们的审美经验，还提高了他们的综合能力，使他们能够在未来的生活和工作中更好地应用这些能力。培养审美素养不仅是美育的重要任务，更是塑造全面发展、身心健康的现代个体的关键途径。审美素养如同一盏明灯，照亮了学生前行的道路，使他们能够在充满挑战的生活中始终保持对美好事物的向往和追求。通过系统的美育教育，学生将学会在纷繁复杂的世界中保持内心的平静与审美的敏锐，用美的眼光去发掘生活中的点滴美好，在心灵深处播撒美的种子。

（三）人文精神的培养：理解和尊重多样性

美育不仅是培养审美能力，它更能够深刻地影响学生的人文精神，成为他们心智成长的重要组成部分。学生通过接触和体验绘画、音乐、戏剧、舞蹈等各种艺术形式，能够更好地理解和感受人类文明和文化的丰富多样性。这些艺术形式和流派不仅代表着不同的美学观念，更是各个民族和时代历史、文化和社会背景的重要体现。

绘画作为一种无声的语言，它通过色彩、线条、构图和表现手法传达出艺术家的内心世界和所处时代的精神风貌。例如，欧洲的文艺复兴绘画作品通过精细的写实手法和宗教题材展现了人性与神性的融合，而东方的水墨画则通过简练的笔触和留白表现出一种超然物外的哲学思考和自然宁静之美。学生在学习绘画的过程中，不仅可以提升艺术鉴赏力，还能领悟各个民族和文化的独特价值观。音乐作为一种跨越语言障碍的艺术形式，以其旋律、节奏和和声唤起人类最本质的情感共鸣。例如，西方古典音乐中的交响乐以其宏大的结构和复杂的情感层次带领听众进入一种庄严和崇高的境界，而非洲的传统音乐则以其丰富的节奏和充满活力的演奏表达出一种对生命的热爱和奔放的情感。学生通过欣赏和学习不同种类的音乐，可以更深刻地感受到人类情感的多样性和共通性，从而培养出对他人情感的敏锐理解与尊重。戏剧与舞蹈作为综合艺术形式，通过演员的表演和身体的表达直接呈现出文化和社会的多样面貌。莎士比亚的剧作探索人性的复杂与社会的变迁；京剧的华丽表现则承载着东方传统文化的精髓；现代舞蹈则通过自由的肢体表达和灵活的动作展示了当代人对自由和个性的追求。学生通过欣赏和参与这些戏剧与舞蹈作品，不仅可以提升表达力和沟通能力，还能在多样的表演形式中体会到不同文化背景下的思想和情感。

除了具体的艺术体验，美育也有助于学生在道德和价值观层面的培养。艺术创作往往源于创作者的深层思考和情感表达，包含了许多关于人生、社会和世界的哲理。学生在分析和欣赏这些艺术作品时，可以学习创作者的思维方式和情感态度，从而培养出宽容、理解和尊重他人的品质。美育通过艺术形式让学生浸润在丰富的人文环境中，帮助他们理解和尊重多样性，培养出宽容、理解和尊重他人的品质。这不仅提升了学生的审美能力，更塑造了他们健全的人格，使他们在面对未来的社会挑战时能够更具备人文关怀和多元视角。如此一来，美育便成为激发学生潜能、完善其人格的重要途径，为他们的人生发展提供坚实的文化与精神基础。

（四）创新能力的培养：应对不确定和变化

在现代社会中不确定性和变化已经成为常态，传统的知识与技能往往难以应对这些不断涌现的新挑战和问题。而培养创新能力正是美育的重要目标之一，通过艺术教育，学生可以在不断变化的环境中找到应对之道，成为具备创造力和问题解决能力的个体。艺术创作本身是一个具有高度灵活性和创造性的过程。学生在艺术创作中会遇到各种各样的问题和挑战，需要他们运用多种思维方式来解决。例如，当他们在画布上构思一幅画作时，需要打破常规，灵活运用色彩和构图，探索新的表达方式和创作手法。这不仅锻炼了他们的发散思维和创造力，还帮助他们学会如何在不确定的情境中做出决策。通过这样不断地尝试和创新，学生逐渐能够自信地面对各类挑战，成为具有创新精神的个体。

艺术创作往往是一个团队合作的过程。例如，在戏剧表演、乐队演奏等活动中，学生需要与同伴协作，共同创作和呈现作品。在这个过程中，他们学会了如何进行有效的沟通和协调，了解彼此的想法和意见，并在此基础上找到最佳的解决方案。这不仅能提升他们的团队合作能力，还能培养他们的领导力和责任感。合作中的沟通不仅是语言的表达，更是情感和创意的交流。在艺术创作的团队中，每个人的灵感和想法都可能成为最终作品的重要部分。因此，学生需要学会倾听和尊重他人的意见，从而更好地整合各自的优势，达成共同的目标。这种能力在未来的职业生涯中同样至关重要，无论是项目管理、产品研发，还是市场营销，都

需要类似的沟通、合作和问题解决能力。艺术教育还能培养学生的同理心和文化理解能力。通过欣赏和分析各种不同风格和背景的艺术作品，学生可以更加深入地理解和尊重多样化的文化和观点，这将极大地拓宽他们的视野，让他们在面对全球化带来的多元文化和复杂环境时，更加游刃有余。

通过艺术教育培养学生的创新能力，不仅能够提升他们的艺术修养和创造力，还能锻炼他们在面对不确定性和变化时解决问题的能力。同时，通过团队合作和文化理解，学生还能够获得宝贵的人际交往和跨文化交流的经验。这些能力和素质无疑将在学生未来的职业生涯和个人发展中发挥重要作用，使他们更好地适应和应对现代社会的快速变化和复杂挑战。

（五）全面素质的提升：综合能力的培养

美育不仅是培养学生的艺术技能，更是促进他们全面素质提升的重要途径。在美育活动中，学生不仅是在学习具体的艺术技术，更是在通过艺术体验，感受深刻的情感，理解和传承多样的文化。这一过程对他们的情感、态度和价值观产生了深远的影响，有利于提升他们的综合能力。

通过音乐和舞蹈课程，学生有机会学会如何表达和控制情感。音乐作品中的旋律和节奏，舞蹈动作中的力量和柔和，都能让学生在身体和情感层面得到丰富的体验与表达。学生在演奏乐器或舞动身体的时候，学会了对情感的细腻调控，这不仅能提高他们的情感智商，还能为他们今后的人际交往和生活质量打下扎实的基础。戏剧课程则提供了一个极好的环境，让学生能够深入理解角色与社会关系。通过排练和表演，学生可以身临其境地体验不同角色的心理和生活情景，认识到各类人物的多样性和复杂性。这种切身的体验有助于培养他们的同理心，使他们更能理解和尊重他人，从而增强社会适应能力。与此同时，戏剧活动中要求团队合作、沟通协调和问题解决等能力，这些软技能也是学生综合素质的重要组成部分。绘画和雕塑等视觉艺术课程，同样在提升学生的综合素质方面起着关键性作用。在这些课程中，学生需要通过精细的手工操作来表达创意和构思，这不仅能提高他们的手眼协调性，更能增强他们对于空间的理解力与想象力。艺术创作要求学生进行仔细地观察、深入地思考和灵活地操作，这对他们的审美能力、创造力和批判性思维能力都有很大的促进作用。

第六章 美育协同育人的未来展望

美育还可以帮助学生树立正确的价值观和积极的生活态度。在不断的艺术探索与实践中，学生学会欣赏美、发现美和创造美，从而培养积极向上的心态和追求卓越的精神。这些都能帮助学生在面对未来挑战时，更加从容自信，具备更强的心理素质和承受能力。通过美育活动的参与，学生不仅增长了专业艺术知识和技能，更在情感、认知、社交、心理等各个方面得到了全面发展。美育使学生的综合能力得以提升，成为他们终身受益的重要素质。这也进一步强调了美育在现代教育体系中的独特价值和不可替代的重要作用。

（六）美育的社会意义：文化自信与社会责任

美育不仅对个人素质的提升具有重要作用，更在社会层面彰显出其深远的意义。一个具备良好审美素养和人文精神的人，在复杂的社会环境中更容易形成正确的价值判断，具备崇高的社会责任感和使命感。此外，美育的教育过程和体验也在潜移默化中影响着个体的社会参与和对公共事务的关注。

美育在培养正确价值观方面发挥着独特的作用。通过学习和体验艺术，人们能够更加敏锐地感受到生活中的美与丑、善与恶，从而在道德判断和行为选择上趋向正义和善良。当一个人在成长过程中不断接触艺术，欣赏音乐、绘画、舞蹈乃至电影，他将逐步形成一种对于人类情感和社会现象的深刻理解。这种理解不仅停留在感性层面，更升华为理性思考，在社会交往和公共事务中表现为公正、同情和责任感。在美育的熏陶下，学生更容易形成崇高的社会责任感和使命感。他们通过参与和组织艺术活动，学会如何关心社会、服务他人，进而形成一种乐于奉献的精神。例如，学生参与社区艺术项目、公益演出、艺术作品拍卖募捐等活动，在实践中体会到帮助他人、贡献社会的价值和意义。这种亲身参与公共服务的经历，不仅提升了他们的社会实践能力，更增强了他们的社会责任感和使命感。

美育还能大大增强学生的文化自信。了解和认同自己的文化是个体形成文化自信的关键一步。在美育过程中，学生通过学习中国传统艺术如书法、国画、京剧以及现代艺术作品等，深入理解本民族的文化底蕴和历史传承，培养出对自己文化的高度认同感和自豪感。当一个人对自身文化怀有自信时，便能更加开放地接受和理解其他文化，真正实现文化交流与融合，这对于当今全球化背景下的文化多样性保护及对话尤为重要。美育还为社会的和谐发展提供了文化支撑，一

个社会,如果其成员普遍具备良好的审美素养和人文精神,那么这个社会更容易形成和谐融洽的人际关系,人们的共同生活也会因此更加美好。美育在其中起到了增强社会凝聚力、促进文化传承和创新的重要作用,通过艺术教育传递的价值理念和生活方式,使社会风尚更加文明、共享理念更加深入人心。

美育不仅是提升个体素质的教育形式,更是促进社会和谐、文化传承和创造的重要力量。通过美育的广泛实施,我们可以期待一个更加和谐美好,充满责任感和文化自信的社会。

(七)实践中的美育:多种实施策略

在实践中,学校和教育机构充分认识到美育的重要性,积极探索和应用多种有效策略,旨在全面提升学生的审美素养、艺术技能和创造能力。以下是一些具体的实施策略:

(1)定期组织艺术欣赏活动。学校通过每学期或每月定期组织艺术欣赏活动,如参观美术馆、博物馆、音乐会、戏剧表演和电影放映等,让学生有机会接触和欣赏到国内外优秀的艺术作品。通过这些活动,学生不仅能开阔眼界,还能培养对艺术的兴趣和鉴赏能力。

(2)设置艺术课程。学校应开设绘画、音乐、舞蹈、戏剧等多种形式的艺术课程,这些课程不仅要教授学生专业的技能和理论知识,还应注重激发学生的创造性思维和表达能力。例如:在音乐课上学生不仅学习基本的乐理知识,还通过实际演奏和创作来理解和运用这些知识;在美术课上学生通过绘画和雕塑等实践活动,体验艺术创作的过程。

(3)组织艺术创作比赛和展览。为激发学生的创作热情和表达欲望,学校可以定期举办各种艺术创作比赛和展览。例如,绘画比赛、摄影比赛、音乐演奏比赛等,这些活动为学生提供了展示自己才华的平台。此外,学校还可以在校园内外举办学生作品展览,让学生的作品得到更多人的关注和赞赏。

(4)邀请艺术家举办讲座和工作坊。学校可以定期邀请国内外知名艺术家、设计师和艺术史学家等专业人士来校举办讲座和工作坊。这些活动不仅能让学生对艺术领域有更深入的了解,还能通过与艺术家的直接交流,获得宝贵的创作经验和指导。特别是工作坊形式的活动,通过实践操作,学生能更直观地学习到专业技术和创作方法。

（5）跨学科整合美育。美育不应孤立存在，可以通过跨学科的方式融入其他学科的教学中。例如，在历史课上教师可以结合艺术史介绍不同时期和文化背景下的艺术作品，让学生在了解历史的同时增强对艺术发展的理解；在科学课上教师可以探讨艺术创作中的物理和化学原理，如颜料的化学反应、声音的传播等，这不仅丰富了课程内容，还能增强学生对科学知识的兴趣和应用能力。

（6）开展社团活动和兴趣小组。学校可以设立各种艺术类社团和兴趣小组，如绘画社、音乐社、戏剧社等，鼓励学生参加。这些社团通过组织和参与各种艺术活动，培养学生的团队合作精神和组织能力，同时也为学生提供了一个可以自由创作和互相交流的平台。

（7）校园文化建设。美育还可以通过校园文化建设来实现。例如，通过设置校园艺术角、定期更换校园艺术作品展览等，使学生在日常生活中也能感受到艺术的氛围和熏陶。此外，学校还可以通过组织全校性的艺术节、文化周等活动，营造浓厚的艺术氛围，激发学生对艺术的热爱和追求。

美育作为学校教育的重要组成部分，不仅在丰富学生的课余生活方面具有重要作用，更在提升学生的综合素质、培养其创造力和审美能力方面扮演着关键角色。通过多种策略的综合运用，学校和教育机构能够有效推进美育的发展，帮助学生在艺术的熏陶中成长为全面发展的人才。

二、心理健康的促进

心理健康是学生全面发展的重要组成部分，它不仅影响着学生的学业表现，还关系到他们在未来生活中的社会适应能力和幸福感。近年来，越来越多的教育专家和心理学家认识到，心理健康的维护和提升不仅需要专业的心理干预，更需要通过丰富多样的教育方式来实现，而美育便是其中不可忽视的一部分。

美育是通过艺术创作和欣赏来培养学生审美能力、情感表达以及心理调适能力的一种教育方式，它涵盖了绘画、雕塑、音乐、舞蹈、戏剧、文学等多种艺术形式。美育的独特之处在于，艺术的创造性和表现性能够帮助学生更好地理解自己和他人，探索内心深处的情感并学会积极应对各种心理挑战。

(一)艺术创作是情感表达的一个极佳渠道

学生在日常生活和学习中往往面临着学业、家庭、社交等多方面的压力和挑战,这些压力有时难以通过语言来充分表达和疏解,久而久之可能导致情感的积压和心理困扰。通过绘画、音乐、舞蹈等形式的艺术创作,学生可以找到一种更加自由和开放的情感表达方式。

绘画可以让学生用色彩和线条来表达内心的情感和思想。一张画作中的颜色选择、画风、构图,甚至于每一笔的力度和方向,都可以传递出创作者的情感状态和内心世界。比如,明亮的色彩可能代表欢欣、希望和热情,暗沉的色调表现出忧郁、孤独或不安。每一幅画作都成了学生心灵的窗口,他们在这里尽情倾诉自己难以言表的情感。音乐作为一门时间艺术,更是能够通过旋律、节奏和和声来传达情感。无论是弹奏乐器、唱歌还是作曲,音乐都能让学生陶醉其中,找到情感的出口,激昂的旋律可以宣泄愤怒和激情,柔和的曲调能传达宁静和温暖。音乐还具备一种独特的共鸣效果,不仅使创作者自身得以情感释放,也能与听众产生情感共振。舞蹈则通过动作和身体的表达,将情感以动态的方式展现出来,每一个舞步、每一个姿态都是情感的外化。舞蹈不仅是肢体的运动,更是情感和思想的表达,舞者通过旋转、跳跃、伸展等动作,可以把内心的激动、快乐、悲伤和恐惧等情感具象化地展示出来,打破了言语无法逾越的障碍。

这些艺术形式使得情感的表达更加丰富和立体,不再局限于简单的语言描述。而且,艺术的创作过程本身也是一种疗愈,能够帮助学生更好地理解和调适自己的情感。在这个过程中,他们不仅找到了宣泄情感的途径,也提高了自我表达能力和创造力,为心理健康提供了重要的支撑。艺术创作以其独特的方式成为学生应对压力和挑战的有力手段,帮助他们在纷繁复杂的世界中找到属于自己的内心平衡与和谐。

(二)艺术欣赏舒缓情绪、提升心理健康

艺术欣赏是一种心灵的对话,能够引发学生的共鸣,从而达到情感的释放和调节。尤其是在如今快节奏的生活中,艺术以其独特的魅力为人们提供了一片宁静的心灵港湾。学生在欣赏艺术作品的过程中,不仅是在观赏与聆听,更是在与艺术家跨越时空对话,这种互动能够深刻触动他们内心的情感和体验,进而产生

第六章 美育协同育人的未来展望

情感上的释怀与调适。

在欣赏一幅充满生命力的画作时，画布上鲜明的色彩和生动的线条仿佛在讲述一种微妙而温暖的故事。学生置身于这种视觉盛宴中，可能会不知不觉将自己内心的焦虑和压力投射到画作中，从而感受到一种前所未有的宁静与和谐。那些描绘大自然美景的作品，森林、溪流、山峦、草原，仿佛带领观者走进了世外桃源，使人心旷神怡，疲劳与烦恼随之消散。

音乐作为另一种重要的艺术形式，其调节情绪的作用同样不可小觑。不同类型的音乐对情感的影响各异，舒缓的古典音乐可以使人平静，抒情的歌曲能够引发共鸣，欢快的节奏让人忘却忧虑，焕发新的活力。在教室或家庭中播放一些柔和的背景音乐，可以瞬间改善环境的氛围，有助于学生更好地集中注意力，减少紧张感。舞蹈则是另一种能够触动心灵的艺术表现形式。通过肢体的律动和表现，舞者传递出丰富的内心情感，观者则在欣赏中感受到一种动态的美。舞蹈不仅是视觉的享受，更是情感的交流。观看一段优美的芭蕾舞表演，或是一场充满力量的现代舞演出，学生会被舞者的激情和技巧感染，这种深层次的情感互动有助于释放心理压力，增强情绪的稳定性。

艺术欣赏还可以通过艺术创作活动来实现。学生在亲自动手进行绘画、音乐创作、舞蹈编排的过程中，能够更深刻地体验艺术的力量。创作本身就是一种心理宣泄的过程，可以有效地将内心的焦虑、压力和烦恼转化为积极的创造力和表现欲，从而达到了抒发情感、舒缓情绪的目的。艺术欣赏不仅是一种美的享受，更是一种情感疗愈的方式。学生通过深入欣赏和体验艺术作品，能够获得一种心灵的平静，情感的释放，以及心理上的康复。这种过程如同一次心灵的旅行，带领他们穿越烦恼的云层，寻找内心的宁静和力量，进而提升总体的心理健康水平。

（三）艺术疗法在心理疗愈中的作用

艺术疗法是一种利用艺术形式，如绘画、雕塑、音乐、舞蹈、戏剧等，来帮助患者探索自我、表达情感、解决内心冲突，从而达到心灵的治愈和平衡的方法。这种疗法在心理康复与治疗中发挥着重要作用，被广泛应用于各类心理问题和精神障碍的治疗中。艺术疗法的核心理念在于，通过艺术创作，个人能够更深入地接触和理解自己的内心世界。艺术作为一种非语言的沟通方式，可以帮助那些言

语表达困难、情感封闭的个体更容易地外化和处理复杂情感。比如：通过绘画，人们能够将无形的情感具象化，借助颜色、形状、线条等元素来表达内心的烦恼和困惑；通过音乐，人们能够在旋律和节奏中找到情感的共鸣与释放。

对于学生群体来说，艺术疗法作为一种心理健康教育手段，同样具有显著效果。在当前快节奏、高压力的教育环境中，学生面临着来自学业、家庭、社交等多方面的压力，艺术教育可以作为一种有效的心理调适方式，帮助学生缓解压力、处理情感问题、提升心理韧性。通过艺术活动，学生能够获得情感上的宣泄和释放。例如，在绘画课上，学生可以毫无顾忌地把自己内心的烦恼与压力倾注在画布上，从而减轻内心的负担。音乐课上的演奏和歌唱，则能够帮助学生在旋律中找到情感的宣泄之道，感受到心灵的轻松与自由。艺术教育可以培养学生的创造力和想象力，提升自我效能感。当学生看到自己一幅幅创作完成的艺术作品时，内心会充满成就感和自信心，这种自信心的提升有助于他们在面对现实生活中的挑战时更加积极主动地应对和解决问题。艺术活动还可以促进学生的社交技能和团队合作意识，在学生共同完成一幅壁画或一场戏剧表演的过程中，需要互相配合、共同探讨，学会倾听和尊重他人的意见。这些经历能够有效增强他们的人际交往能力和团队合作精神，为未来的社会生活打下良好的基础。

艺术疗法在心理疗愈中的作用是显而易见的。通过艺术，学生不仅能够更加深入地了解自己，调适情绪，处理情感问题，而且能够提升心理韧性，增强应对压力的能力。美育作为综合素质教育的重要组成部分，在学生的全面发展中具有不可替代的作用和价值。我们应当重视并推动艺术教育在学校中的普及，让更多的学生受益于美育的心理疗愈功效。

三、美育促进社会适应能力

美育不仅是个人艺术能力的提升，更是提高学生社会适应能力的有效工具。学生通过参与各种艺术活动，不仅能够培养自己的美学素养，更能在团队合作中提高自己的合作能力和社交技能，这种能力在当今社会中显得尤为重要。

在戏剧演出这一具体的艺术活动中，学生需要扮演不同的角色，从导演到演员，从服装设计到舞台布置，每一个环节都需要团队成员之间的紧密合作。学生

第六章　美育协同育人的未来展望

需要学会相互尊重，倾听他人的意见，明确自己的角色和责任。这种合作精神不仅是在艺术活动中，还是可以迁移到现实生活中的各种场景，如学校的团队项目、职场中的团队协作等。在戏剧排练过程中，学生常常要面对意见分歧、角色分配不均等问题，在解决这些问题的过程中，学生学会了如何与他人有效沟通，如何在保持自我观点的同时尊重和理解他人的想法。在这个过程中，他们的社交技能和解决冲突的能力得到了显著提升。艺术活动中的团队合作也有助于减轻学生的心理压力，现代社会的竞争压力巨大，学生常常面临学业、家庭和社会的多重压力，而艺术活动提供了一个情感宣泄和心理调适的空间。在这个空间中，学生可以通过表达自己的情感和思想，从而释放内心的压力。在团队中，他们也会感受到归属感和支持感，这对于心理健康具有重要意义。

学生通过参与艺术活动，不仅提高了自己的艺术素养和社交能力，还增强了应对挑战和克服困难的信心和能力。这种信心和能力不仅有助于他们在学术和职业生涯中取得成功，更有助于他们以更加健康和积极的心态面对人生的各个阶段。因此，美育在促进学生社会适应能力方面发挥着不可替代的重要作用。

在新时代的教育体系中，美育应当被视为重要组成部分系统推进和实施。学校可以纳入美育课程，培养学生的艺术审美能力和情感表达能力。同时，学校应注重美育教师的培养，提升他们的专业素养，引导学生进行艺术创作和欣赏。家长也应支持孩子参与艺术活动，关注他们的心理健康，通过艺术活动促进情感表达和调适。

全面推进美育教育，提升学生的心理健康水平，是新时代教育体系中的重要使命。通过美育可以培养出具有高雅审美情趣和丰富创造力的学生，也能够培育出心理健康、积极乐观、具有社会适应能力的新时代公民。因此，美育的推广不仅对学生心理健康有益，也对整个社会的心理健康产生积极影响，推动社会和谐发展。

（一）美育的全人教育作用

美育作为全人教育的重要组成部分，超越了单纯的艺术和美学技能的传授，更深刻地影响着学生的全面发展。从审美能力的培养出发，美育延展至情感教育和社会责任感的培育，这样的教育不仅指导学生在艺术和美学领域内有所建树，更深入地影响他们的思想和人格。

通过美育的教育过程，学生的审美能力得以显著提升。学生在面对各种艺术作品时，不仅提高了欣赏美的能力，还学会了如何表达美、创造美。这种审美能力的培养，不仅限于艺术课或美术课，而是贯穿整个教育过程中的各个方面。音乐、文学、戏剧等各种表现形式均成为学生感知世界、感受美好生活的桥梁，通过这些活动，学生的艺术素养得以提升，他们的思维方式和想象力也得到极大扩展。美育教育对情感的培养起到了至关重要的作用。在欣赏和创作艺术的过程中，学生的情感得到充分地表达和舒展。学生无论是通过绘画、音乐还是文学，都能找到适合自己的情感释放渠道，这对于个人心理健康和情感稳定具有积极的作用。此外，学生通过对艺术作品的情感体验，能够更好地理解和共情他人，培养宽容大度、善解人意的品质。这种情感教育不仅使学生学会如何表达情感，更重要的是通过艺术学会如何在复杂的社会中寻找平衡、寻求内心的宁静与和谐。

美育在社会责任感和公民意识的培养中扮演着不可或缺的角色。学生在欣赏和创作艺术作品时，不仅要考虑美的表现，还要对作品所传递的社会价值观有深刻的理解。优秀的艺术作品往往反映了社会问题，引发观者的思考。例如，学生通过对环保主题的美术创作能够意识到环境保护的重要性，从而培养出自觉的环保意识和责任感。学生通过戏剧演出能够扮演不同的社会角色，体验他人的生活境遇，增强同理心和社会责任感。美育活动通过潜移默化的方式，帮助学生形成积极正面的价值观和社会责任感，增强他们作为公民的使命感和责任感。

美育是一个全面、持续的过程。通过审美教育、情感教育、社会责任感和公民意识的培养，美育在学生的内在品质塑造中产生了深远的影响。美育不仅教会学生如何发现美、创造美，更重要的是，通过艺术的熏陶，学生的心灵得到了净化，思想得到了升华，成为内外兼修的全面发展的人才。这样的教育不是一蹴而就的，而是日积月累通过各种丰富多彩的教育活动，潜移默化地影响和塑造学生，最终使他们成长为具有审美能力、高尚情操和社会责任感的新时代公民。

（二）美育在思想道德发展中的作用

美育在学生的思想道德发展中扮演着不可或缺的角色，它不仅停留在表面的艺术欣赏，还深层次地影响着学生的价值观、情感和行为方式。学生通过欣赏和创作各种艺术作品可以接触到多元的文化与思想，从而在潜移默化中塑造良好的

第六章　美育协同育人的未来展望

道德品质和健全的思想体系。

学生通过欣赏艺术作品能够体验到多种多样的情感和思想，这种感受不仅是感官上的享受，更是一种心灵上的激励和共鸣。艺术作品通常会表现出创作者对生活的观察、思考和情感，这些都能够引起观众的共鸣。例如，一幅反映历史事件的油画不仅让人惊叹于其技艺和色彩的运用，更让人感受到那个时代的风云变幻和人们的情感波动。学生通过这种感受能够更加深刻地理解历史发展的规律，培养历史责任感和社会责任感。美育能够激发学生的同理心和社会责任感。例如，当学生看到反映环境保护的艺术作品时，他们不仅是在欣赏艺术本身的美，更重要的是，通过这些作品能够深深感受到艺术家对环境问题的深刻关注和忧虑。这种情感共鸣能够使学生意识到环境保护的重要性，激发他们从自身做起，担当起保护环境的责任。不仅如此，学生通过参与创作和环境保护相关的艺术作品，还可以进一步加深对这些问题的理解和认识，锻炼他们的实践能力和团队合作精神。美育还有助于培养学生的审美情趣和人文素养。高雅的艺术作品中蕴含着丰富的文化内涵，这些内涵能够引导学生追求真善美，树立正确的人生观和价值观。学生通过欣赏音乐、文学、戏剧等各种形式的艺术作品，可以开阔眼界、陶冶情操，提高自身的文化素养和艺术修养。这种修养不仅停留在个人层面，还能够在日常生活中通过言行举止、待人接物的方式体现出来，从而影响周围的人，形成良好的社会风气。

美育在学生思想道德发展中具有深远的意义和影响。学生通过深入的艺术体验和创作，能够培养丰富的情感、深刻的同理心和强烈的社会责任感。同时，美育还有助于提升学生的审美情趣和人文素养，引导他们追求高尚的道德和价值观。由此可见，美育不仅是教育的重要组成部分，更是促进学生全面发展的重要力量。

（三）通过公益艺术项目培养社会责任感

公益艺术项目提供了一个独特的平台，让学生不仅能展示他们的艺术才华，还能将这种才能运用于社会服务，表达对各种社会问题的关注。通过这些项目，学生能够更加深入地理解并参与环境保护、社会公正、文化传承等关键议题。例如，在社区壁画创作项目中，学生通过艺术的形式，不仅能够美化社区环境，还

能在壁画中融入环境保护的信息，向居民传达保护环境的重要性和紧迫性。这些活动不仅让学生在视觉艺术方面获得实践经验，还能增强他们的社会责任感。通过组织或参与这些项目，学生学会了如何在团队环境中合作，共同解决问题，分配任务，最终实现目标。这种合作不仅可以强化他们的团队合作精神，还能提升他们的领导能力和组织管理能力。

参与公益艺术项目还能让学生有机会与社区居民进行互动，理解社区的需求和期望。通过实地调研与居民对话，学生能够更加全面地认识到社会问题的复杂性和多样性。这样，他们在完成项目的过程中不仅是旁观者，而是真正作为一个积极的社会成员去参与、去贡献，这在无形中也提升了他们的同理心和社会责任感。实际上，公益艺术项目中的每个环节都是培养学生社会责任感的重要途径。从最初的构思设计，到中期的筹备组织，再到最后的实际操作，每一步都需要学生积极思考并参与。这不仅是对他们艺术能力的一次锻炼，更是对他们社会参与和责任感的一次深刻教育。通过这些实际的社会服务活动，学生能够更加清晰地认识到自己作为社会的一员所肩负的责任和使命。他们明白了如何通过自己的努力和才干为社会的发展和改善作出贡献。例如，通过社区壁画项目，学生看到自己创作的艺术作品在社区中产生了积极影响，居民的环境保护意识逐渐提升，这种成就感和满足感是课堂学习所不能给予的。

无论是社区壁画，还是其他形式的公益艺术项目，这些经历都会让学生在心灵深处体会到"人人为我，我为人人"的社会理念，并在未来的人生道路上秉持这种责任感和奉献精神，用实际行动去影响和改善社会，成为真正有担当、负责任的公民。

（四）艺术作品中的人文关怀和社会批判

艺术作品在其丰富多样的表现形式中，不仅是美的呈现，更承载着深层次的人文关怀和社会批判。通过艺术，创作者能够以一种独特的视角观察和记录社会现象，从而引发观众对社会问题的深刻思考和共鸣。这些作品通过对人性的探讨、道德的反思以及对时代环境的揭示，使观众能够更加全面和深入地理解生活、社会和世界，进而形成正确的人生观和价值观。

以文学作品为例，许多经典作品不仅通过优美的语言和结构精巧的情节来打动读者的心灵，还通过细腻的人物刻画和事件描述揭示出社会的不公、贫富差距、种族歧视等问题。例如，查尔斯·狄更斯的《双城记》不仅是英国 19 世纪一部伟大的历史小说，更是对法国大革命时期社会动荡和阶级矛盾的深刻剖析。狄更斯通过描写人物的悲欢离合，抨击了当时社会的种种不公和压迫，引发了人们对社会改革和公平正义的追求。绘画和雕塑等视觉艺术同样承载着丰富的社会内涵。西班牙画家弗朗西斯科·戈雅的作品《1808 年 5 月 3 日夜枪杀起义者》便是对战争及其带来的苦难的有力控诉。戈雅通过强烈对比的色彩和惨烈的场景刻画，将战争的残酷展现得淋漓尽致，唤醒了人们对和平与人道的期盼。这样的作品在视觉冲击的同时，促使观众反思战争的本质和后果。戏剧和电影作为综合艺术形式，更是能够通过多种表现手段引发观众的思考。例如，意大利导演费德里科·费里尼的电影《八部半》不仅以其独特的叙事方式和视觉风格成为艺术电影的经典，更通过对主角生存状态和心理世界的探讨，反映了现代社会个体在面对自我、梦想和现实时的困惑与挣扎。这样的电影鼓励观众自我反省，思考个人与社会的关系。音乐作为一种无国界的艺术形式，也具有人文关怀和社会批判的功能。许多音乐作品并不仅停留在娱乐的层面，更深入探讨社会现实和人类情感。例如，鲍勃·迪伦的经典歌曲《答案在风中飘》，通过简洁有力的歌词和动人的旋律，表达了对社会正义、和平与人性的呼唤。这样的音乐不仅感动了无数听众，更激励了人们去思考和行动，为实现一个更加美好的世界而努力。

艺术作品中的人文关怀和社会批判不仅使人们在审美中获得心灵的满足，更促使人们关注和思考社会现实及其背后的复杂问题。对于学生而言，接触和理解这些艺术作品，可以开阔他们的视野，培养他们的同理心和责任感，帮助他们形成正确的人生观和价值观。在这个充满挑战和变化的时代，通过艺术的熏陶，人们可以更敏锐地感知生活的多样性和复杂性，更坚定地追求社会的公正与公平，从而推动社会的不断进步和发展。

四、文化传承与创新

（一）文化传承的重要性

文化传承的重要性在当今全球化迅速发展的背景下越发凸显。全球化带来了文化的交流与融合，但也伴随着本土文化逐渐被边缘化的风险。因此，文化传承不仅是保护和发扬本民族独特文化的重要举措，也是国家发展和民族复兴的重要组成部分。在这一过程中，美育发挥着不可替代的作用。美育是通过艺术教育促进个体全面发展的关键手段，更是文化传承的重要途径之一。通过教授传统艺术形式，如书法、绘画和音乐，美育帮助学生体会和理解中国传统文化的精髓。书法作为中国文化的重要代表，不仅是汉字的书写艺术，更是中华民族深厚文化底蕴的体现；绘画承载了中国几千年的历史和丰富的艺术表达方式，展示了古代艺术家的智慧与创造力；音乐则通过古琴、琵琶、京剧等传统艺术形式，传递出中华文化的独特韵味与情感。

美育不仅能够提升学生的艺术素养，让他们在艺术创造中培养细腻的感知能力和独特的审美观，还可以使他们更深刻地认识和欣赏自己民族的文化遗产。学生通过深入接触这些传统艺术形式，能够从中体会到祖先的智慧和情感，进而增强对自我文化身份的认同感和归属感。美育通过对传统艺术的学习与体验，激发学生的民族自豪感与文化自信，促使他们在国际舞台上更加积极主动地展示和传播中华文化。在这个过程中，学生不仅成为文化的继承者，还成为文化的传播者，让更多的人了解并认同中华文化。

在全球化的时代背景下，文化传承显得尤为重要，而美育作为有效途径之一，通过多样化的艺术教育，帮助学生深入理解并传承中国传统文化。这不仅提升了学生的艺术素养，更增强了他们对文化身份的认同，从而为国家的发展和民族的复兴注入了强大的文化动力。

（二）文化创新的必要性

在新时代，文化创新显得尤为重要，这不仅是理论上的探讨，更是对文化发展的实际需求的回应。文化作为社会的重要组成部分，其创新直接关系到社会的整体进步与人类精神世界的丰富。

美育在这一过程中扮演着极其重要的角色。它不仅承载着传承传统文化的使命，也肩负着推动文化创新的责任。在传统与现代的交会点，美育起到了桥梁的作用。通过美育的浸润和指导，学生得以深入了解传统文化的精髓，并在此基础上进行创新实践。这种创新有着多层次的表现。首先文化创新可以表现在艺术形式上的创新。学生通过学习传统艺术技法，融入现代艺术理念和表现手法，能够创造出新的艺术形式。这不仅是对传统艺术的继承，也是对其发展的推进。其次文化创新可以体现在文化内容的更新上。新时代的社会背景和价值观念必然影响着文化的内容，通过美育，学生能够将现代元素融入传统文化，使之更符合当下的需求和审美。例如，在传统绘画中加入现代科技元素，或者在传统音乐中融合现代节奏，从而创造出焕然一新的艺术作品。

这种创新注入了传统文化新的生命力。在全球化的背景下，文化的同质化现象日益严重，通过美育进行的文化创新，不仅有助于保持文化的独特性，还能增强文化的自信心和吸引力。创新的传统文化不再是博物馆中的古董，而是具有生命力和感染力的活态文化。文化创新还有助于跨文化交流，通过美育培养的文化创新能力，学生能够更加自如地在不同文化背景下进行交流和表达，提升了文化软实力。在国际舞台上，丰富和多样的文化表达能够更好地展示一个国家的文化魅力，增强文化影响力。文化创新在新时代的重要性不可小觑，美育作为文化传承和创新的重要途径，通过培养学生的创新意识和能力，不仅丰富了艺术形式和表达方式，也为传统文化注入了新的生命力。这是文化自信的体现，也是文化发展的必由之路。

（三）文化软实力的提升

文化软实力是一个国家通过文化传播和影响力，在国际社会中赢得尊重和认可的能力，对于国家形象的树立和国际地位的提升具有不可忽视的重要性。在这个过程中，美育作为文化软实力的重要组成部分扮演着关键角色。美育不仅是艺术教育的一部分，更是培养全方位素质人才的重要途径。通过美育，学生能够在接受艺术熏陶的同时，深化对自己民族文化的理解和认同。这种内在的文化认同感是他们在未来国际交流中展示和传播本民族文化的基础。例如，通过音乐、美术、戏剧等艺术教育，学生可以学习到中华传统文化中的经典元素，并将这些元素加以创新和演绎，从而创造出深具民族特色的艺术作品。

这些艺术作品不仅能够在国内引起共鸣，更有望在国际舞台上闪耀光芒。例如，中国的传统水墨画、京剧和昆曲等曾通过各种国际交流活动，在全球赢得广大观众的喜爱和赞誉。通过美育，学生可以掌握这些传统艺术的精髓，并在全球艺术舞台上展示，从而提升中华文化的影响力。美育还能够培养学生的跨文化交流能力。在全球化背景下，跨文化交流成为一种常态。通过美育，学生不仅能够理解和欣赏其他国家和民族的文化艺术，还能够在这种理解的基础上进行文化交流和对话。这样的文化交流有助于消除偏见和误解，建立起相互尊重和信任的国际关系。更进一步，通过这些文化交流活动，中华文化可以更为广泛地传播，进而赢得国际社会的尊重和认同。

通过美育培养的艺术人才，不仅能够在艺术创作上为中华文化增光添彩，还可以在艺术教育、艺术批评和艺术管理等方面发挥重要作用。通过在国际艺术节、博览会和展览等活动中展现中华文化的艺术作品，他们能够在国际艺术界占有一席之地，从而提升中华文化的国际地位。美育在提升国家文化软实力方面具有不可替代的作用。通过美育，学生不仅能够传承和发扬本民族的文化艺术，还能够在国际舞台上展示和传播中华文化，增强其在全球的影响力和美誉度。这不仅是一种文化自信的体现，更是国家软实力的重要组成部分。在全球竞争日益激烈的今天，提升文化软实力已经成为国家发展的战略选择，而美育在这一过程中无疑扮演着至关重要的角色。

第三节 总 结

美育通过培养学生的审美能力，提升心理健康水平以及促进社会适应能力，对学生的全面发展具有深远而重大的意义。审美能力不仅能让学生在生活中发现和欣赏美，更能培养他们的创意思维和解决问题的能力。在心理健康方面，美育通过音乐、绘画、舞蹈等艺术形式，为学生提供了表达情感、释放压力的途径，从而显著地促进心理健康。而在社会适应能力的提升方面，美育教育能够培养学

第六章　美育协同育人的未来展望

生的团队合作精神、人际交往技巧和社会责任感，这些都是现代社会所急需的重要素质。因此，美育在建立健全人格和全面发展的学生群体中起到了不可替代的作用。美育在文化传承与创新以及提升文化软实力方面也扮演着至关重要的角色。通过对传统文化艺术的传承，学生能够更好地了解和认同自己的文化根源，从而培养文化自信。在创新方面，美育能够激发学生的创作欲望和创新精神，使他们能够在传统文化的基础上不断进行突破与创新。这样的文化创新不仅丰富了文化的内涵，也增强了一个国家的文化软实力，使其在国际舞台上获得更多的认可和尊重。文化软实力的提升不仅是国家形象的优化，更是全球文化交流与合作的重要基石。

新时代的教育应高度重视美育的独特价值和广泛影响，积极探索和实践美育在各类教育实践中的应用。学校、家庭和社会各界应共同努力，为美育的发展提供更多的资源和支持。例如，学校可以通过开设更多的美育课程、组织丰富多样的艺术活动、建设专用的美育场馆等方式，培养学生的审美情趣和艺术修养。学校不仅是知识传授的场所，还是美育实施的主要阵地，应创设多种渠道让学生广泛接触和参与艺术活动。家庭可以通过日常生活中的艺术欣赏和亲子活动，为孩子搭建一个充满美育氛围的成长环境。家庭教育的润物细无声，可以让孩子在潜移默化中丰富艺术体验、提升审美素养，成为他们未来生活的一部分。社会各界应积极举办艺术展览、音乐会、文化节等活动，为美育教育提供一个更为广阔的平台。社区、公园等公共场所的艺术设施和活动，可以让更多的人在日常生活中接触和享受艺术，形成全社会共同关注和参与美育的良好氛围。

未来，随着美育理念和实践的不断深入与推广，我们将见证一个更加和谐、更加多元且充满创意的社会。在这个社会中每个人都能够在美的熏陶中找到生活的乐趣和意义，无论是工作中的创新解决方案，还是生活中的艺术享受，美育都将在其中扮演重要角色。因此，美育不仅是一种教育手段，更是一种社会理想和文化目标。通过美育，我们可以培养出一代又一代拥有丰富情感和文化修养的人才，从而推动社会的繁荣和进步。美育的广泛推广和实施将让社会变得更加美好而富有生机。通过提升每个人的审美素养，可以增强社会的文明程度，优化公共文化环境，促进社会和谐发展。美育的最终目标是让美渗透到生活的各个角落，

让每个人都能感受到美的力量，从而激发出更多的创新和创造，推动社会全面进步。因此，美育不仅是培养个体的教育实践，更是提升整个社会文明水平和文化内涵的关键路径。美育教育的深入推进，需要我们每个人为之努力，共同塑造一个更加美好的未来社会。

参考文献

[1] 周媛. 历史参照下的高校美育内涵发展探究[J]. 淮海工学院学报（人文社会科学版），2018，16（3）：127-130.

[2] 杨继萍. 语文诗歌教学的美育价值探析[J]. 中国教育学刊，2022（7）：106.

[3] 蒋慧. 羊蹬艺术合作社助力艺术乡建[J]. 文化产业，2024（9）：4-6.

[4] 周和平. 论思想政治课创新性教学策略[J]. 四川教育学院学报，2003（增刊1）：128-129.

[5] 杨花. 美育对人的全面发展的影响[J]. 佳木斯职业学院学报，2016（3）：121.

[6] 何玉静. 职业院校产教融合协同育人模式的创新分析：以酒店管理与数字化运营专业为例[J]. 科学咨询（教育科研），2024（4）：187-190.

[7] 杜亚丽. 中小学教育科研与学校人力资源开发[J]. 现代教育科学，2005（2）：29-30，58.

[8] 孙海东. 潍坊地区柞蚕绸传统生产技艺探究[J]. 丝绸，2015，52（12）：26-30.

[9] 李璇. 核心素养视域下小学音乐教学中的美育渗透方法[J]. 琴童，2024（1）：108-110.

[10] 刘云云. 高校美育工作的时代境遇与路径探索[J]. 巢湖学院学报，2020，22（5）：6.

[11] 姜召霞. 家校合作：促进中小学"五育"融合的关键[J]. 教书育人，2023（32）：15-18.

［12］于淑香."大"处着眼"小"处着手：新课标下小学英语单元整体性教学之我见［J］.校园英语，2024（16）：177-179.

［13］王成德.健全甘肃省学校家庭社会协同育人机制的对策研究［J］.教师，2023（33）：18-20.

［14］李杰，石代红.思想政治教育在临床护理实践教学过程中的应用探讨［J］.卫生职业教育，2021，39（16）：33-34.

［15］沈炜.办好每一所家门口的学校 成就每一位学生的幸福生活［J］.中国教育学刊，2022（11）：1-2.

［16］赵记龙，姚瑶.基于拔尖创新人才培养的研究生体育素养发展实践研究［J］.当代体育科技，2023，13（32）：117-120.

［17］周明星，刘慧婷，王子成.新时代劳动育人高质量发展：理论、政策与实践［J］.中国职业技术教育，2022（1）：19-27.

［18］黄海.文化强国视域下大学生文化自信培育的价值意蕴与实现路径［J］.文化创新比较研究，2024，8（4）：159-163.

［19］张亮亮.新时代美育教育在中职院校的融合与发展研究［J］.汉字文化，2024（2）：218-220.

［20］王浩.教育高质量发展背景下中小学教师心理健康的现状与提升［J］.辽宁教育，2024（6）：68-71.

［21］胡晶.媒介融合视域下高校思想政治工作体系的研究［J］.文教资料，2023（18）：92-95.

［22］徐刚.小学数学课堂提质增效路径研究［J］.山西科技报，2023（9）：2.

［23］李慧.新时代美育视阈下高校公共艺术教育研究［J］.新美域，2024（3）：124-126.

［24］冀韦敏.小学数学教学与传统文化的融合策略探究［J］.中华活页文选（传统文化教学与研究），2024（3）：70-72.

［25］孙康洁.立学课堂背景下从"学"的视角重构英语课堂［J］.中学生英语，2023（38）：97-98.

［26］帕孜力·买买提.融合劳动教育的高中通用技术教学实践探索［J］.新

视域下教育教学创新发展论坛论文集（二），2023（9）：122-123.

［27］何国富.浅谈虚拟展厅与版画艺术［J］.贵州民族学院学报（哲学社会科学版），2012（4）：126-129.

［28］钱继东.基于深度学习的小学数学教学方式探索［J］.数学大世界（中旬），2022（4）：32-34.

［29］张思绮.小学美术教育中智慧教育理论的应用与实践研究［J］.智力，2024（11）：171-174.

（30）罗莹，黄朝斌.高校艺术专业美育课堂的教学改革策略研究［J］.才智，2024（18）：84-87.

［31］高娜.浅析新课程理念下小学美术教育教学改革与创新［J］.家长，2024（4）：146-148.

［32］郭梅.多元素素材在新课标下小学语文教学的应用［J］.学苑教育，2024（13）：19-21.

［33］李牧，许梦溪.高校美育课程育人路径探析：以"工艺人文"课程为例［J］.中国大学教学，2024（5）：58-66.

［34］季培培，陈亮，陈小磊.美育语境下高校图书馆艺术阅读推广策略探究［J］.新世纪图书馆，2024（3）：19-24.

［35］孟恒艳.利用中华传统美育思想改进高校美育工作［J］.湖南师范大学教育科学学报，2024，23（1）：97-102.

［36］蒋晶.中华美学精神在高校美育中的转化与生成路径研究［J］.高教探索，2024（1）：106-112.

［37］徐丽丽.高校美育课程的现实审视：以音乐通识课程为例［J］.文艺争鸣，2023（12）：199-203.

［38］李钊.新时代高校美育中关于中国油画色彩教育的研究［J］.济南大学学报（社会科学版），2023，33（6）：160-167，178.

［39］史大鹏，蒋广学.高校留学生中国式美育路径探新［J］.学校党建与思想教育，2023（21）：87-89.

［40］刘健婷，万蓓，詹麒.新时代高校美育实施：意涵流变、逻辑遵循与

路向建构［J］.江苏高教，2023（10）：99-103.

［41］饶娆.新文科教育理念下高校美育内涵的新拓展［J］.中南民族大学学报（人文社会科学版），2023，43（8）：176-180，188.

［42］徐梦婕.数字时代新文科背景下的美育：内涵、挑战及路径建设［J］.高教探索，2023（4）：114-121.

［43］李凤，王博.新时代网络空间命运共同体赋能高校美育发展探析［J］.学习与探索，2023（7）：140-147.

［44］王艺霖.高校"书法美育"建设的发展观念［J］.中国书法，2023（5）：178-179.

［45］易晓明.新时代高校美育的通识价值、培养目标与课程建构［J］.高等教育研究，2023，44（4）：89-98.

［46］谢秋水.数字技术赋能高校美育的价值功能、现实困境与实现路径［J］.思想教育研究，2023（4）：131-136.

［47］杜卫，叶伊曼.论我国高校美育的人文教育属性［J］.湖南师范大学教育科学学报，2023，22（3）：11-17.

［48］郭声健，聂文婧.高校美育教材建设：政策导向、现实诉求与创新思路［J］.湖南师范大学教育科学学报，2023，22（3）：18-26.

［49］徐慧.传统装饰艺术在高校审美教育中的价值及实践［J］.高教发展与评估，2023，39（2）：112-118，124.

［50］杨玲玲."数字中国"与高校大学生智慧美育新模式探究［J］.中国高等教育，2023（6）：42-45.

［51］赵思童.新时代高校美育教材融合出版探析［J］.中国出版，2023（4）：55-57.

［52］于婉莹.高校艺术通识课程的美育价值及其实现［J］.中国大学教学，2023（Suppl 1）：51-57.

［53］陈雯，陈爱华.新时代大学生审美消费的伦理审视［J］.江苏高教，2023（1）：98-102.

［54］陈雪贞.高校英语教学"四美合一"美育体系建构［J］.中国大学教学，

2022（12）：54-59.

［55］蒋利平.高校美育助推大学文化提质的内在逻辑、重点及进路［J］.湖南科技大学学报（社会科学版），2022，25（6）：170-176.

［56］王冠英，周炯焱.高校第二课堂美育现状审视与优化路径［J］.学校党建与思想教育，2022（21）：50-52.

［57］严岩.基于新工科背景的高校美育体系创建［J］.山西财经大学学报，2022，44（增刊2）：224-226.

［58］孙媛媛，李书宁.接受美学视域下的高校图书馆艺术阅读推广服务模式研究：以北京师范大学图书馆为例［J］.图书情报工作，2022，66（19）：84-91.

［59］吴文轲，饶妍.高校公共艺术课程：大学生新美育的价值实现［J］.教育学术月刊，2022（9）：54-60.

［60］张世月，孙明胜.多维构建高校通识美育［J］.美术，2022（9）：140-141.

［61］滕丹.新时代高校美育工作的现实困境及破解路径［J］.学习与探索，2022（9）：58-62.

［62］杨馥嫚.新时代高校艺术美育的实施路径［J］.中国高等教育，2022（Suppl 3）：61-63.

［63］殷英，柯朝晖.高校美育的价值意蕴、生成逻辑和实践路径［J］.湖南师范大学教育科学学报，2022，21（4）：68-75.

［64］刘惠，申小蓉，沈倩.基于激发创新潜能的工科高校美育体系探索与实践：以电子科技大学为例［J］.高等工程教育研究，2022（4）：110-115.

［65］沈迪.智媒时代高校美育活动的传播策略［J］.传媒，2022（11）：88-90.

［66］李继.高校审美教育：内涵、价值及实践路径研究［J］.江苏高教，2022（6）：116-120.

［67］郑江梅子，易晓明.跨媒介艺术融入高校美育的价值与实践路径［J］.江苏高教，2022（6）：121-124.

［68］张鹿.整合式教育理念在综合性高校校园舞蹈创编实践中的应用［J］.北京舞蹈学院学报，2022（2）：89-93.

［69］张丽伟，华苒君.影视美育融入高校教育的路径研究［J］.传媒，2022（7）：82-84.

［70］沈迪.高校知识分子群像的"沉浸式美育"与其政治认同书写：基于D师大校本系列舞台剧的分析［J］.文艺争鸣，2022（3）：166-169.

［71］孙献华.高校美育实践的新路径与新课程［J］.江苏高教，2022（3）：102-105.

［72］杨宏志.关于新时代高校美育实施的几个策略思考［J］.中国高等教育，2022（5）：19-21.

［73］周群.乡村振兴战略需求下地方高校美育课程开发路径探究［J］.中国教育学刊，2022（2）：154.

［74］刘渟.再论美育的认知及其矛盾性［J］.民族艺术研究，2021，34（6）：73-80.

［75］沙家强.新时代"大学美育"教材体系构建与出版的实践研究［J］.中国大学教学，2021（12）：88-91.

［76］陈若旭.新发展阶段高校美育教育优化路径［J］.中国高等教育，2021（23）：56-58.

［77］姚晓彤.美育视角下高校学生产生图书馆焦虑的原因及对策分析［J］.新世纪图书，2021（11）：16-20.

［78］李雷.美育普及与高校艺术经典教育：兼论王国维美育思想的当下启示［J］.东北师大学报（哲学社会科学版），2021（6）：193-198.

［79］张迪.美育视域下高校公共艺术教育的改革研究［J］.江苏高教，2021（11）：86-89.

［80］贺韵旨.论美育在高校美术教学中的问题与路径［J］.美术，2021（10）：134-135.

［81］李瑛.高校图书馆美育工作的驱动因素及发展路径研究［J］.图书馆工作与研究，2021（增刊1）：29-34.

［82］殷英．新时代高校美育建设的探索［J］．人民论坛，2021（24）：92-94．

［83］方瑞，闵永新．新时代高校传承中华美育精神的多维审视［J］．广西社会科学，2021（7）：183-188．

［84］徐娜．高校美育三议：本质意义、价值指向与实践路径［J］．江苏高教，2021（6）：113-116．

［85］党波涛．新时代高校以美育德的对策［J］．中国高等教育，2021（11）：39-41．

［86］黎明辉．核心素养视域下高校音乐美育教育专业课程改革［J］．山西财经大学学报，2021，43（增刊1）：122-124．

［87］王萌．高校美育的逻辑起点、现实困境及突破路径［J］．国家教育行政学院学报，2020（12）：68-75+95．

［88］王珊．理工类高校开展美育教育的方法与策略研究［J］．中国高等教育，2020（20）：62-64．

［89］刘珊．新时代高校美育的目标指向与路径选择［J］．湖南科技大学学报(社会科学版），2020，23（5）：159-165．

［90］柴素芳，程雪敏．高校思想政治理论课微电影教学美育功能三论［J］．思想教育研究，2020（6）：77-81．

［91］骞真，段虹．美育在高校思想政治教育中的价值研究［J］．思想政治教育研究，2020，36（3）：115-119．

［92］郭瑾莉．新时代高等学校美育的改革理路与行动策略［J］．中国高等教育，2020（12）：54-56．

［93］刘钰涵，刘茂平．高校美育与大学生文化自信培育的融合［J］．学校党建与思想教育，2020（12）：65-67．

［94］夏侯琳娜．"立德树人"视域中的新时代高校美育理念建构［J］．理论学刊，2020（2）：

［95］刘翔华．谈朱光潜美学思想对现代高校美育的影响：评《西方美学史》［J］．中国教育学刊，2020（3）：139．

［96］陈欣．基于创客教育的高校美育通识课混合式教学探索［J］．南京艺

术学院学报（音乐与表演），2020（1）：81-85.

[97]潘美秀.浅谈通识教育视角下的高校美育：评《美的沉思》[J].中国教育学刊，2019（12）：140.

[98]张丹.美育视域下高校社会主义核心价值观培育的路径探析[J].思想政治教育研究，2019，35（4）：48-52.

[99]朱哲，任惠宇.新时代高校美育工作的瓶颈及其破解[J].人民论坛，2019（21）：

[100]李婉真.高校舞蹈教学中美育渗透路径探析：评《舞蹈教育与教育舞蹈：舞蹈教育美育心理学》[J].高教探索，2019（6）：133.

[101]栗嘉忻，娄淑华.新时代高校德育与美育协同发展的价值内涵与实践路径[J].思想理论教育导刊，2019（5）：138-141.

[102]胡智锋，樊小敏.从国家发展战略到人才培养模式：当代中国高校公共艺术教育发展现状论析[J].艺术百家，2019，35（3）：40-45.

[103]赵伶俐，邓佳，黄雪，等."高校美育"课程对人生价值观影响的实验研究[J].西南大学学报（社会科学版），2019，45（3）：92-98.

[104]李花，徐进.论美育对大学生思想政治教·育的作用[J].江苏高教，2019（4）：109-112.

[105]刘鑫."互联网+"时代少数民族大学生美育教育应用技能探索[J].贵州民族研究，2019，40（3）：215-219.

[106]赵思童.美国雷德兰兹大学美育做法与启示[J].中国高等教育，2019（5）：63-64.

[107]丁予茜.以美育人 以美化人 加强高校美育工作[J].中国高等教育，2018（24）：40-41.

[108]匡勇胜，刘怡琦.普通高校美育工作中的音乐教育实施对策研究[J].中国大学教学，2018（8）：62-65.

[109]王恒昕.美育在高校艺术专业人才培养中的合理运用[J].艺术百家，2018，34（4）：23-28，33.

[110]傅琴.新时代高校德育美育协同育人探析[J].学校党建与思想教育，

2018（10）：24-26.

［111］盛铭.立德树人视域下高校艺术教育研究［D］.哈尔滨：哈尔滨音乐学院，2023：64.

［112］栗嘉忻.新时代中国高校德育与美育协同发展研究［D］.长春：吉林大学，2019：153.

［113］李家苗.三全育人视域下新时代大学生美育教育研究［D］.西安：长安大学，2023：65.

［114］孙一鸣.高中思想政治学科核心素养培育研究：以主题式教学为视角［D］.扬州：扬州大学，2018：64.

［115］张日敏.2019经济研讨会议视觉形象设计与推广研究［D］.石家庄：河北科技大学，2020：52.

［116］葛富丽.跨学科·多角度·重实践：STEM教育理念在小学语文教学中的应用研究［C］.素质教育创新发展研讨会论文集（二），2024（1）：101-103.

［117］杨贺坤.浅析新课程理念下小学美术教育教学改革与创新［C］.2020年"基于核心素养的课堂教学改革"研讨会论文集，2020（11）：766-768.

［118］潘霞.高中英语线上线下教学融合的方式［C］.广东省教师继续教育学会教育教学研究成果会议论文集（一），2023（6）：493-495.

后 记

"美育协同育人",这一深度融合了美学思想和教育精髓的课题,已经远远超越了单纯的学术讨论范畴。它不再是一个抽象的概念,而是逐渐融入日常教育教学的各个方面,成为引领教育革新、促进学生全方位成长的关键动力。通过美育协同育人的实践,不仅在于提升学生的审美能力和创造力,更在于塑造他们丰富多彩的精神世界,为培养新时代的全面发展人才奠定坚实基础。这一理念的广泛传播与深入应用,正悄然改变着教育的面貌,开启着人才培养的新篇章。

"美育"这一源远流长且深植于人类文化沃土中的教育理念,远不止于传授艺术技能,而是一门深入人心的学问,旨在精心培育每个人的审美情趣和创造力。通过艺术的细腻熏陶,美育引导学生打开心灵的窗户,去发现生活中无处不在的美,去欣赏多彩世界的万般姿态,并进一步鼓励他们动手创造美,以此丰富自己的内心世界,提升个人的生活品质。

协同育人代表着教育领域中一种与时俱进的合作新理念。它不再局限于校内,而是积极拥抱更广阔的社会空间,强调学校、家庭、社会乃至更多教育力量的紧密合作与共同担当。在这一理念指引下,各方资源得以高效整合,共同为学生搭建起一个全方位、多层次、立体化的成长支持网络。协同育人的出现犹如一股清流,打破了传统教育模式下各方孤立奋战的局面,让教育真正变成一项全社会共同投入、共同参与、共同进步的伟大事业。

当美育与协同育人这两大前沿理念交会融合,它们所产生的效果令人瞩目。这种结合不仅深度挖掘了学生的无限潜能,更在全面提升学生综合素质方面展现

后 记

出了强大的推动力。在这种充满活力与创意的教育模式下,学生不再是被动接受知识的容器,而是摇身一变成为主动探索学习乐趣、积极追求美好事物的勇敢探索者和美的践行者。

本书是对这一融合理念的深入剖析和系统阐述,全面揭示了美育协同育人背后所蕴含的革命性教育哲学。这种哲学思想对传统的教育模式提出了深刻的反思,它坚定地主张教育应以学生为中心,充分尊重学生的个性差异,并全方位关注学生的全面发展。本书为致力于探索教育新境界的人们点亮了一盏明灯,指引他们走向更加宽广的教育未来。

在实践层面,美育协同育人的路径确实展现出其多元与开放的特点。这一教育模式并非一成不变,而是随着时代的进步和教育的需求不断进行自我革新和完善。课程体系作为教育的核心骨架,经过精心的设计与改造,已不再是单纯的知识传授工具。相反,它更多地融入了艺术与人文的精髓,使每一节课都不再是枯燥的知识灌输,而是一场美的盛宴。在这样的课堂里,学生不仅能够系统地学习到专业知识,更能在潜移默化中感受到美的存在,接受到美的熏陶。师资队伍的建设也走上了专业化的道路,教师不再仅仅满足于传授书本知识,他们更加注重自身专业素养的提升。他们通过持续地学习与进修,不仅掌握了深厚的学科知识,更培养出了一种独特的能力,那就是引导学生发现美、欣赏美、创造美的能力。这样的教师,无疑是学生学习路上的良师益友,也是他们探索美的重要引路人。

美育协同育人还巧妙地利用了校外丰富的教育资源,博物馆、艺术馆、社区文化中心等场所,都成为学生的第二课堂。在这些充满艺术气息与文化底蕴的地方,学生得以亲身接触和体验各种各样的美,从而更加直观地理解美的内涵与外延。这种校内外相结合的教育模式,无疑极大地拓宽了学生的视野,丰富了他们的学习体验。这些多元化的实践探索并不仅停留在丰富学生的学习生活上,更重要的是,它们在无形之中促进了学生的全面发展。在轻松愉悦的学习氛围中,学生不仅提升了自己的审美水平,还培养了创新思维和解决问题的能力。更难能可贵的是,他们在这个过程中逐渐明确了自己作为社会一员所应承担的责任与义务,这种社会责任感的培养对于他们未来的成长和发展具有不可估量的价值。

美育协同育人路径研究

"美育协同育人"这一教育理念不仅深深影响着每个学生的成长轨迹,更为整个社会的进步与和谐注入了源源不断的活力。它不仅是一种传统意义上的教育模式,更是一种全新的视角和方法,对我们既有的教育观念进行了深刻的革新与拓展。在这种育人模式的熏陶下,学生不仅获得了扎实的知识基础,更在心灵深处培养起了对美的感知与追求。这种对美的向往如同一颗希望的种子在他们心中生根发芽,茁壮成长,最终绽放出绚烂多彩的人生花朵。美育协同育人的实践也在推动着社会的整体进步,它通过培养学生的综合素养,塑造他们的完美人格,使得这些未来社会的建设者能够更加积极地投身于各个领域的创新与发展之中。他们将以开阔的视野、敏锐的洞察力和卓越的创造力,共同助力社会的繁荣与进步,为构建和谐共融的社会环境贡献自己的智慧和力量。可以说,美育协同育人不仅引领着我们走向一个更加光明的教育未来,更在为社会播撒希望之种,培育着一代又一代能够担当民族复兴大任的时代新人。

任何改革都是一场探索与奋进的行程,而美育协同育人的改革也不例外。在这条道路上,我们遇到了多方面的挑战和困难。教育资源分配的不均衡问题尤为突出,一些地区和学校享有优质的教育资源,而另一些地方则相对匮乏,这种不均衡直接影响了美育协同育人的推进效果,使得部分学生难以充分享受美育的滋养。传统教育观念的根深蒂固也是一大难题。长期以来,应试教育的观念深入人心,使得不少教师和家长难以立刻接受并践行美育协同育人的新理念,这种观念上的阻碍无疑增加了改革的难度。

在具体实施过程中,我们还面临着诸多复杂因素。从课程设计到师资培训,从教学方法到评价体系,每一个环节都涉及众多细节,需要我们精心策划、周密安排。这些工作的烦琐和艰巨性也是改革过程中不可忽视的挑战。正是这些困难和挑战,更加坚定了我们推进美育协同育人改革的决心。我们深知,只有克服这些难关,才能真正实现美育的普及和深化,让每个学生都能在美的熏陶下全面发展。本书针对上述问题提出了一系列切实可行的解决策略。我们希望通过这些策略,能够帮助教师在实际操作中游刃有余地确保美育协同育人的理念真正落地生根,并发挥出其应有的效能。

我们满怀信心地期待,在社会文明不断进步和科技日新月异的背景下,美育

后 记

协同育人能够在新时代的教育领域大放异彩。这一教育理念必将与时俱进，不断适应新的社会需求和个体发展要求，为培养更多具有高尚情操和创新能力的人才贡献力量。

我们相信，在美育的深刻熏陶下，未来的每一个个体都将拥有更加全面、和谐的发展空间。他们不仅能够在知识和技能上取得优异成绩，更能在审美情趣、人文修养和创新能力等方面实现显著提升。这些全面发展的个体，必将共同为构建一个更加美好、和谐的社会贡献自己的力量，谱写出新时代教育事业的辉煌篇章。